JN124010

資本に関係する取引等に係る税制
実務要点解説

税理士 **樋口 翔太** 著

一般財団法人 大蔵財務協会

は　し　が　き

　平成22年度税制改正によってグループ法人税制が創設され、この改正に伴い、清算所得課税の廃止及び解散をした場合の設立当初からの欠損金の損金算入制度の創設や、みなし配当の生ずる取引に関する課税の適正化として、自己株式として取得されることを予定して取得した株式に係る受取配当等の益金不算入制度の適用除外及び抱合株式の譲渡損益の不計上等といった資本に関する取引に係る税制についても、多くの改正が行われました。

　現行制度においても、この平成22年度において改正がされた規定は、適用が継続されているため、実務において、その改正内容を含めた資本に関する取引等に係る税制を理解しておくことが重要です。

　また、みなし配当の生ずる取引のうち、資本の払戻し等については、具体的な計算方法が法人税法から同法施行令に委任され、同令で規定されていますが、令和3年3月11日の最高裁判決でその規定が同法の趣旨に適合するものではなく、委任の範囲を逸脱しており違法であるとされたことから、令和4年度税制改正によって、計算方法が改正されたところであるため、その改正内容を理解しておくことも必要不可欠になっています。

　そこで本書においては、第1章で資本に関する取引に係る税制の概要として、資本と資本等取引の意義を説明し、第2章で資本の払戻し等及び自己株式の取得をした場合の税法上の取扱いについて、令和4年度税制改正を踏まえて解説をし、第3章で清算所得課税の廃止伴い創設された解散をした場合の設立当初からの欠損金の損金算入制度を中心に解説をしています。

　また、外国子会社からの配当と子会社株式の譲渡を組み合わせた租税回避への対応や外国子会社から受ける配当等の益金不算入制度など、参考となる規定についてもその概要を解説しています。

　最後に本書が、税理士や税務担当者等の方々が資本に関する取引に係る税制を理解するための一助となれば幸いです。

令和5年1月

税理士　樋口　翔太

【凡　例】

法法……………………法人税法

法令……………………法人税法施行令

法規……………………法人税法施行規則

法基通…………………法人税基本通達

措法……………………租税特別措置法

措令……………………租税特別措置法施行令

平22改正法……………所得税法等の一部を改正する法律（平成22年法律第6
　　　　　　　　　　　号）

平27改正法……………所得税法等の一部を改正する法律（平成27年法律第9
　　　　　　　　　　　号）

令2改正法………………所得税法等の一部を改正する法律（令和2年法律第8
　　　　　　　　　　　号）

会計規…………………会社計算規則

純資産基準……………貸借対照表の純資産の部の表示に関する会計基準（企
　　　　　　　　　　　業会計基準第5号）

純資産指針……………貸借対照表の純資産の部の表示に関する会計基準等の
　　　　　　　　　　　適用指針（企業会計基準適用指針第8号）

資本剰余金指針………その他資本剰余金の処分による配当を受けた株主の会
　　　　　　　　　　　計処理（企業会計基準適用指針第3号）

平22国税庁質疑応答事例…平成22年10月6日付国税庁法人課税課情報第5号他
　　　　　　　　　　　「平成22年度税制改正に係る法人税質疑応答事例（グ
　　　　　　　　　　　ループ法人税制その他の資本に関係する取引等に係る
　　　　　　　　　　　税制関係）（情報）」

（注）　本書は、令和4年12月1日現在の法令及び通達並びに情報等によってい
　　　ます。

第3章　欠損金の損金算入制度等

参考資料

第1章

資本に関する取引等に係る税制の概要

第1 資本の意義

(1) 会計上の資本

　会計上、貸借対照表は、資産の部、負債の部及び純資産の部に区分し（注）、純資産の部は、株主資本と株主資本以外の項目に区分することとされています（会計規73①、76①、純資産基準4）。

　また、株主資本とは、純資産のうち株主に帰属する部分を表記したものとされており、株主に帰属することを強調する観点から「資本」とは表記せずに「株主資本」と表記したものとされていることから（純資産基準25）、会計上、資本とは、株主に帰属する部分となります。

　なお、株主資本は、資本金、新株式申込証拠金、資本剰余金、利益剰余金、自己株式及び自己株式申込証拠金に区分することとされ（会計規76②、純資産基準5、純資産指針3）、利益剰余金は、利益準備金及びその他利益剰余金に、その他利益剰余金は、任意積立金及びは繰越利益剰余金に区分することとされており（会計規76④⑤、純資産基準6）、また、その他利益剰余金又は繰越利益剰余金の金額が負となる場合には、マイナス残高として表示することとされています（純資産基準35）。

(注)　この区分は、平成17年に公表された「貸借対照表の純資産の部の表示に関する会計基準（企業会計基準第5号）」において定められたものであり、この公表前においては、貸借対照表は、資産の部、負債の部及び資本の部に区分することとされていました（企業会計原則・同注解第3　2）。また、資本とは、一般に、財務諸表を報告する主体の所有者（株式会社の場合には株主）に帰属するものと解されていました（純資産基準18）。

〈会計上の貸借対照表〉

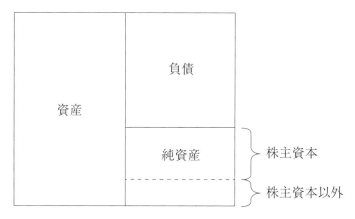

⑵　税務上の資本

　税務上、資本については、その定義がされていませんが、法人が株主等（注）から出資を受けた金額として一定の金額は資本金等の額とされ（法法２十六）、法人の所得の金額で留保している一定の金額は利益積立金額とされている（法法２十八）ことから、上記⑴の会計上の資本（株主資本）に相当する部分は、税務上は、基本的に資本金等の額と利益積立金額で構成されていることになります。

（注）　株主等とは、株主又は合名会社、合資会社若しくは合同会社の社員その他法人の出資者をいいます（法法２十四）。本書において同じです。

〈税務上の貸借対照表〉

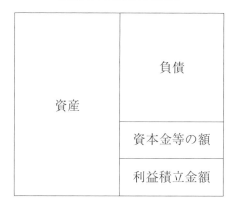

　また、資本金等の額及び利益積立金額の具体的な金額は、それぞれ次の金額とされています（法令８①、法令９）。

① 資本金等の額

$$\text{資本金等の額} = \frac{\text{資本金の額}}{\text{又は出資金の額}} + \frac{\text{その事業年度以前の}}{\text{次の加算額}} - \frac{\text{その事業年度以前の}}{\text{次の減算額}}$$

〈加算額〉

i　株式等（注１）の発行又は自己の株式等の譲渡により払い込まれた金銭等の額から増加した資本金の額等（注２）を控除した金額
ii　役務の提供の対価として自己の株式を交付した場合のその役務の提供に係る費用の額のうち既に終了した事業年度において受けた役務の提供に係る部分の金額に相当する金額からその株式の発行により既に終了した事業年度において増加した資本金の額等を減算した金額
iii　新株予約権の行使をした者に自己の株式を交付した場合のその交付に際して払い込まれた金銭等の額及び新株予約権の帳簿価額の合計額から増加した資本金等の額を控除した金額
iv　取得条項付新株予約権について、法人税法61条の２第14項５号に定める事由による取得の対価として自己の株式を交付した場合のその取得の直前の取得条項付新株予約権の帳簿価額に相当する金額からその取得に伴う株式の発行により増加した資本金の額を減算した金額
v　協同組合等の一定の法人が新たにその出資者となる者から徴収した加入金の額
vi　合併、分割又は現物出資により資産負債の移転を受けた場合において一定の計算をした金額
vii　株式交換又は株式移転により株式交換完全子法人又は株式移転完全子法人の株式の移転を受けた場合において一定の計算をした金額
viii　資本金の額等の減少をした場合のその減少した金額に相当する金額

（注）1　株式等とは、株式又は出資をいいます。本書において同じです。
　　　　2　資本金の額等とは、資本金の額又は出資金の額を表しています。本章において同じです。

〈減算額〉

ix　準備金の額又は剰余金の額を資本金の額等に振り替えた場合等のその振り替

えた金額等に相当する金額

x　資本又は出資を有しないこととなった場合のその有しないこととなった時の直前における資本金等の額（資本金の額等を除きます。）に相当する金額

xi　分割型分割又は株式分配により資産負債又は株式分配に係る完全子法人の株式その他の資産を交付又は移転した場合において一定の計算をした金額等

xii　資本の払戻し等（第2章第1　1(1)（注1）参照）をした場合において一定の計算をした金額

xiii　法人税法23条1項2号に規定する出資等減少分配をした場合において一定の計算をした金額

xiv　自己の株式の取得（第2章第1　1(1)（注2）参照）をした場合において一定の計算をした金額

xv　自己の株式の取得（上記xivの自己株式の取得を除きます。）の対価の額に相当する金額

xvi　完全支配関係がある法人の株式の発行法人への譲渡等があった場合において一定の計算をした金額（第2章第2　1(2)参照）

② 利益積立金額

利益積立金額 ＝ その事業年度以前の次の加算額 － その事業年度以前の次の減算額

〈加算額〉

i　所得の金額

ii　一定の規定に係る益金不算入額等

iii　欠損金の繰越控除額

iv　通算法人に適用される一定の規定に係る金額

v　法人税法64条の3第3項（法人課税信託に係る所得の金額の計算）に規定する資産の帳簿価額から同項に規定する負債の帳簿価額を減算した金額

vi　適格合併又は適格分割型分割により被合併法人又は分割法人から引き継ぐ利益積立金額

vii　適格現物分配により交付を受けた資産の交付直前の帳簿価額

viii　資本又は出資を有しないこととなった場合のその直前の資本金等の額

ix　完全支配関係（第2章第1　2(2)（注2）参照）がある法人の株式等に寄附

修正事由(注)が生じた場合におけるその株式等に係る帳簿価額の修正額

（注） 寄附修正事由とは、子法人が他の内国法人から法人税法25条の２第２項に規定する受贈益の額で受贈益の益金不算入の規定の適用があるものを受け、又は子法人が他の内国法人に対して法人税法37条７項に規定する寄附金の額で寄附金の損金不算入の規定の適用があるものを支出したことをいう。

〈減算額〉

x　欠損金額
xi　法人税額等並びにその法人税に係る道府県民税額及び市町村民税額として納付することとなる金額等
xii　一定の規定に係る益金算入額等
xiii　法人税法61条の11第１項に規定する譲渡損益調整資産が非適格合併により移転した場合における譲渡損益調整資産の取得価額に算入しない金額から算入する金額を減算した金額
xiv　法人税法119条の３第10項の規定により、他の法人の株式等の同項に規定する基準時の直前における帳簿価額から減算される金額
xv　配当等の額（第２章第１　２(1)参照）として株主等に交付する金銭等の額の合計額（みなし配当の額（第２章第１　１(1)（注４）参照）を除きます。）
xvi　非適格分割型分割又は非適格株式分配により分割法人又は現物分配法人の株主等に交付した金銭等の額から減少する資本金等の額を減算した金額
xvii　適格分割型分割により分割承継法人に引き継ぐ利益積立金額
xviii　資本の払戻し等（第２章第１　１(1)（注１）参照）により交付した金銭等の額が減少する資本金等の額を超える場合におけるその超える部分の金額
xix　出資等減少分配により交付した金銭等の額が減少する資本金等の額を超える場合におけるその超える部分の金額
xx　自己の株式の取得（第２章第１　１(1)（注２）参照）の対価として交付した金銭等の額が減少する資本金等の額を超える場合におけるその超える部分の金額

　なお、欠損金額は、利益積立金額の減算額を構成し（上記 x）、その税務上の取扱いが重要であると考えられることから、その取扱いを第３章において解説します。

第2　資本等取引

　資本等取引とは、法人の資本金等の額の増加又は減少を生ずる取引並びに法人が行う利益又は剰余金の分配（資産の流動化に関する法律115条1項に規定する金銭の分配を含みます。）及び残余財産の分配又は引渡しをいうこととされており（法法22⑤）、資本等取引に該当するものは、各事業年度の益金の額又は損金の額には、算入しないこととされています（法法22②③三）。

　つまり、法人が資本金等の額の増加又は減少を生ずる取引（上記第1(2)①の加算額及び減算額に掲げている取引）等を行った場合には、その取引については、損益が生じない取扱いになります。一方で、その資本等取引が取引相手の存在するものである場合には、その取引相手である法人については、その法人にとって資本金等取引に該当しない限り、この取扱いが適用されないことになります。

　そこで、第2章においては、資本等取引に該当する取引で取引相手が存在するもののうち、税務上の取扱いが重要であると考えられる資本の払戻し等及び自己株式の取得（上記第1(2)①viii及びix）が行われた場合の取扱いを解説します（注）。

（注）　資本の払戻し等及び自己株式の取得が行われた場合には、取引相手である法人においては、みなし配当及び株式の譲渡損益を認識する必要があることから、みなし配当については第2章第1に、譲渡損益については第2章第2において、その取扱いを解説しています。

第2章

みなし配当と譲渡損益

第1 みなし配当と受取配当等の益金不算入制度

1 みなし配当

(1) 内容

　法人（公益法人等及び人格のない社団等を除きます。）の株主等である内国法人が
その法人の資本の払戻し等（注1）又は自己株式の取得（注2）により金銭その他の
資産の交付を受けた場合において、その金銭の額及び金銭以外の資産の価額（適格現
物分配（注3）に係る資産にあっては、その法人のその交付の直前の資産の帳簿価額
に相当する金額）の合計額がその法人の資本金等の額のうちその交付の基因となった
その法人の株式等に対応する部分の金額（下記(2)参照）を超えるときは、その超える
部分の金額は、下記2(1)の配当等の額とみなすこととされています（法法24①）（注
4）。

　したがって、みなし配当の額は、受取配当等の益金不算入制度（下記2(1)参照）の
規定の適用を受けることになり、一定の金額が益金の額に算入されないことになりま
す。

(注)1　資本の払戻し等とは、資本剰余金の額の減少に伴う剰余金の配当のうち、分割型
　　　分割によるもの及び株式分配以外のもの又は解散による残余財産の分配をいいます。

　　2　自己株式の取得とは、次の行為をいいます。

　　　①　自己の株式等の取得（金融商品取引所の開設する市場における購入による取得
　　　　等及び法人税法61条の2第14項1号から3号まで（有価証券の譲渡益又は譲渡損
　　　　の益金又は損金算入）に掲げる株式等の同項に規定する場合に該当する場合にお
　　　　ける取得を除きます。）

　　　②　出資の消却（取得した出資について行うものを除きます。）、出資の払戻し、社
　　　　員その他法人の出資者の退社又は脱退による持分の払戻しその他株式等をその発
　　　　行した法人が取得することなく消滅させること

　　　③　組織変更（組織変更に際してその組織変更をした法人の株式等以外の資産を交
　　　　付したものに限ります。）

　　3　適格現物分配とは、内国法人を現物分配法人とする現物分配のうち、その現物分

11

配により資産の移転を受ける者がその現物分配の直前においてその内国法人との間に完全支配関係（下記2(2)（注2）参照）がある内国法人（普通法人又は協同組合等に限ります。）のみであるものをいいます（法法2二の十五）。

4 本書では、配当等の額とみなす金額を「みなし配当の額」としています。

〈みなし配当〉

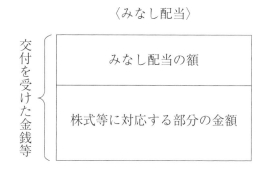

（参考資料） 平22国税庁質疑応答事例

問12 適格現物分配を行ったときのみなし配当の計算方法（114頁）

問13 残余財産の分配が金銭と金銭以外の資産の両方で行われる場合のみなし配当の計算（120頁）

(2) 株式等に対応する部分の金額

上記(1)の株式等に対応する部分の金額とは、次の資本の払戻し等又は自己株式の取得の区分に応じ、それぞれに掲げる金額をいうこととされています（法令23①四、六）。

① 資本の払戻し等の場合

次の区分に応じ、それぞれに掲げる金額

i 資本の払戻しを行った法人が1の種類の株式等を発行していた法人である場合又は解散による残余財産の分配の場合

次の算式により計算した金額

$$\begin{array}{l}\text{株式等に対}\\\text{応する部分}\\\text{の金額}\end{array} = \frac{\begin{pmatrix}\begin{array}{l}\text{資本の払戻し}\\\text{等直前の資本}\\\text{金等の額}\end{array}\times\begin{array}{l}\text{次の算式により}\\\text{計算をした払戻}\\\text{割合(注1)}\end{array}\end{pmatrix}\text{(注2)}}{\begin{array}{l}\text{資本の払戻し等を行った法人の資本の払}\\\text{戻し等に係る株式等の総数又は総額}\end{array}} \times \begin{array}{l}\text{内国法人が資本の払戻}\\\text{し等直前に有していた}\\\text{その資本の払戻し等を}\\\text{行った法人の資本の払}\\\text{戻し等に係る株式等の}\\\text{数又は金額}\end{array}$$

$$\text{払 戻 割 合} = \frac{\begin{array}{l}\text{資本の払戻しにより減少した資本剰余金の額又は解散による残余}\\\text{財産の分配により交付した金銭の額及び金銭以外の資産の価額(適}\\\text{格現物分配に係る資産にあっては、その交付の直前の帳簿価額)}\\\text{の合計額(注5)}\end{array}}{\begin{array}{l}\text{資本の払戻し等の日の属する事業年度の前事業年度(注3)終了}\\\text{の時の資産の帳簿価額から負債(新株予約権及び株式引受権に係}\\\text{る義務を含む。)の帳簿価額を減算した金額(注4)}\end{array}}$$

(注)1　その直前の資本金等の額が零以下である場合には零と、その直前の資本金等の額が零を超え、かつ、払戻割合の分母の金額が零以下である場合又はその直前の資本金等の額が零を超え、かつ、残余財産の全部の分配を行う場合には1とし、払戻割合に小数点以下3位未満の端数があるときはこれを切り上げます。

　　　2　資本の払戻し等直前の資本金等の額に払戻割合を乗じて計算した金額については、その払戻し等が資本の払戻しである場合において、その計算をした金額がその資本の払戻しにより減少した資本剰余金の額を超えるときは、その超える部分の金額を控除した金額となります。

　　　3　資本の払戻し等の日以前6月以内に法人税法72条1項(仮決算をした場合の中間申告書の記載事項等)に規定する期間について同項各号に掲げる事項を記載した中間申告書を提出し、かつ、その提出の日からその資本の払戻し等の日までの間に確定申告書を提出していなかった場合には、その中間申告書に係る同項に規定する期間となります。

　　　4　前事業年度終了の時から資本の払戻し等の直前の時までの間に資本金等の額又は一定の利益積立金額が増加し、又は減少した場合には、その増加した金額を加算し、又はその減少した金額を減算した金額となります。

　　　5　その減少した資本剰余金の額又はその合計額が、払戻割合の分母の金額を超える場合には、分母の金額となります。

ⅱ　資本の払戻しを行った法人が2以上の種類の株式等を発行していた法人である場合

　　内国法人が資本の払戻しの直前に有していた、払戻しを行った法人のその資本

の払戻しに係る株式等の種類ごとに次の算式により計算した金額の合計額

株式等に対応する部分の金額	=	$\dfrac{\left(\begin{array}{c}\text{直前種類資本} \\ \text{金額（注１）}\end{array} \times \begin{array}{c}\text{次の算式により} \\ \text{計算をした種類} \\ \text{払戻割合（注２）}\end{array}\right)\text{（注３）}}{\begin{array}{c}\text{資本の払戻しを行った法人の資本の払戻し} \\ \text{に係る種類の株式等の総数又は総額}\end{array}}$	×	内国法人が資本の払戻し直前に有していたその資本の払戻しを行った法人の資本の払戻しに係る種類の株式等の数又は金額
種類払戻割合	=	$\dfrac{\begin{array}{c}\text{資本の払戻しにより減少した資本剰余金の額のうちその種類の株} \\ \text{式に係る部分の金額（注６、７）}\end{array}}{\begin{array}{c}\text{資本の払戻し等の日の属する事業年度の前} \\ \text{事業年度（注４）終了の時の資産の帳簿価} \\ \text{額から負債（新株予約権及び株式引受権に} \\ \text{係る義務を含む。）の帳簿価額を減算した金} \\ \text{額（注５）}\end{array}}$	×	$\dfrac{\text{直前種類資本金額}}{\begin{array}{c}\text{資本の払戻し直前} \\ \text{の資本金等の額}\end{array}}$

(注)1　直前種類資本金額とは、資本の払戻し直前のその種類の株式に係る種類資本金額をいいます（法令23①四ロ）。なお、種類資本金額とは、資本の払戻し又は自己株式の取得の直前までのその種類の株式等の交付に係る増加した資本金の額又は出資金の額及び法人税法施行令８条１項１号から11号までに掲げる金額の合計額から、その直前までのその種類の株式等に係る同項15号から22号までに掲げる金額の合計額を減算した金額をいいます（法令８②）。

　　2　直前種類資本金額又は資本の払戻し直前の資本金等の額が零以下である場合には零と、直前種類資本金額及びその直前の資本金等の額が零を超え、かつ、種類払戻割合の分母の金額が零以下である場合には１とし、その割合に小数点以下３位未満の端数があるときはこれを切り上げます。

　　3　直前種類資本金額に種類払戻割合を乗じて計算した金額については、その計算をした金額が種類払戻割合の分子の金額を超えるときは、その超える部分の金額を控除した金額となります。

　　4　上記ⅰ（注３）と同様です。

　　5　上記ⅰ（注４）と同様です。

　　6　その金額が分母の金額を超える場合には、分母の金額となります。

　　7　その金額が明らかでない場合には、資本の払戻しにより減少した資本剰余金の額にその資本の払戻しの直前の各種類の株式に係る種類資本金額（その種類資本金額が零以下である場合には、零）の合計額のうちに直前種類資本金額の占める割合（その合計額が零である場合には、１）を乗じて計算した金額とな

ります。

② 自己株式の取得の場合

次の区分に応じ、それぞれに掲げる金額

i 自己株式の取得をした法人が1の種類の株式等を発行していた法人（口数の定
めがない出資を発行する法人を含みます。）である場合

株式等に対応する部分の金額（注1）	=	自己株式の取得をした法人の自己株式の取得直前の資本金等の額 / 自己株式の取得直前の発行済株式等（注2）の総数又は総額	×	内国法人が自己株式の取得直前に有していたその自己株式の取得に係る株式等の数又は金額

（注）1 その直前の資本金等の額が零以下である場合には、零となります。

2 発行済株式等とは、発行済株式又は出資（その法人が有する自己の株式等を
除きます。）をいいます。

ii 自己株式の取得をした法人が2以上の種類の株式等を発行していた法人である
場合

株式等に対応する部分の金額（注1）	=	自己株式の取得をした法人の自己株式の取得直前のその種類の株式等に係る種類資本金額 / 自己株式の取得直前のその自己株式の取得に係る株式と同一の種類の株式等（注2）の総数又は総額	×	内国法人が自己株式の取得直前に有していたその自己株式の取得に係る種類の株式等の数又は金額

（注）1 その直前の種類資本金額が零以下である場合には、零となります。

2 その法人がその直前に有していた自己の株式等を除きます。

**（参考） 資本剰余金と利益剰余金の双方を原資とする剰余金の配当の事例（最判令和
3年3月11日）**

> **1 概要**
>
> 　内国法人である納税者が外国子会社から資本剰余金及び利益剰余金を原資とす
> る剰余金の配当を受け、このうち、資本剰余金を原資とする部分は法人税法24条

１項３号（現行法：４号。以下同じ。）に規定する資本の払戻しに、利益剰余金を原資とする部分は同法23条１項１号に規定する剰余金の配当にそれぞれ該当するものとして確定申告をしたところ、所轄税務署長がその配当の全額が資本の払戻しに該当するとして、法人税の更正処分をしたため、納税者がその更正処分の取消しを求めた事案である。

　裁判所は、利益剰余金と資本剰余金の双方を原資として行われた剰余金の配当は、その全体が法人税法24条１項３号に規定する資本の払戻しに該当するとした。

　しかしながら、資本の払戻しを行った法人の資本金等の額のうちその交付の基因となったその法人の株式等に対応する部分の金額（以下、株式対応部分金額という。）は、その法人の資本の払戻しの直前の資本金等の額（以下、直前資本金額という。）にその法人の前期期末時の資産の帳簿価額から負債の帳簿価額を減算した金額（以下、簿価純資産価額という。）のうちに資本の払戻しにより減少した資本剰余金の額（以下、減少資本剰余金額という。）の占める割合（以下、施行令規定割合という。）を乗じて計算した金額（以下、直前払戻等対応資本金額等という。）をその法人の資本の払戻しに係る株式等の総数又は総額で除し、これに法人税法24条１項に規定する内国法人がその資本の払戻しの直前に有していたその法人の資本の払戻しに係る株式等の数又は金額を乗ずることとされていることから、簿価純資産価額が直前資本金額より少額である場合には、減少資本剰余金額を超える直前払戻等対応資本金額等が算出されることになり、利益剰余金を原資とする部分が資本部分の払戻しとして扱われることとなる（次図参照）。

　そのため、株式対応部分金額の計算方法について定める法人税法施行令23条１項３号の規定のうち、資本の払戻しがされた場合の直前払戻等対応資本金額等の計算方法を定める部分は、利益剰余金及び資本剰余金の双方を原資として行われた剰余金の配当につき、減少資本剰余金額を超える直前払戻等対応資本金額等が算出される結果となる限度において、法人税法の趣旨に適合するものではなく、同法の委任の範囲を逸脱した違法なものとして無効というべきとした。

$$\text{直前払戻等対応資本金額等} = \text{直前資本金額} \times \frac{\text{減少資本剰余金額}}{\text{簿価純資産価額}}$$

$$= \frac{\text{直前資本金額}}{\text{簿価純資産価額}}{}^{※} \times \text{減少資本剰余金額}$$

※　この分数は、簿価純資産価額が直前資本金額より少額
である場合には、1を超えるため、この算式により算出
される直前払戻等対応資本金額等は、減少資本剰余金額
を超えることになる。

　なお、この判決を受け、令和4年度税制改正において、上記の計算をした金額
が減少資本剰余金額を超える場合には、直前払戻等対応資本金額等を減少資本剰
余金額とする改正（上記(2)①i（注2）を追加する改正）が行われた。

2　裁判所の判断

　裁判所の判断は、次のとおりである。

　理由

1 〜 5(1) …（略）…

(2)　…（略）…会社法における剰余金の配当をその原資により区分すると、①利
益剰余金のみを原資とするもの、②資本剰余金のみを原資とするもの及び③利
益剰余金と資本剰余金の双方を原資とするものという3類型が存在するところ、
法人税法24条1項3号は、資本の払戻しについて「剰余金の配当（資本剰余金
の額の減少に伴うものに限る。）‥」と規定しており、これは、同法23条1項
1号の規定する「剰余金の配当（‥資本剰余金の額の減少に伴うもの‥を除
く。）」と対になったものであるから、このような両規定の文理等に照らせば、
同法は、資本剰余金の額が減少する②及び③については24条1項3号の資本の
払戻しに該当する旨を、それ以外の①については23条1項1号の剰余金の配当
に該当する旨をそれぞれ規定したものと解される。

　　したがって、利益剰余金と資本剰余金の双方を原資として行われた剰余金の

<u>配当は、その全体が法人税法24条1項3号に規定する資本の払戻しに該当する</u><u>ものというべきである。</u>

… （略）…

6　(1)及び(2)　…（略）…

(3)　法人税法24条1項3号は、法人の株主等である内国法人が当該法人から資本の払戻しにより金銭の交付を受けた場合において、株式対応部分金額を超える部分をみなし配当金額とする。また、資本の払戻しを行った払戻法人においては、当該資本の払戻しの額のうち、直前払戻等対応資本金額等に相当する額が資本金等の額から減算され（法人税法施行令8条1項16号（**（編注）現行法：****18号**））、直前払戻等対応資本金額等を超える部分の金額（みなし配当金額）が利益積立金額から減算されることとされている（同令9条1項11号（**（編注）****現行法：同令9条12号**））。これらの規定は、資本剰余金のみを原資とする配当であっても実質的観点からは利益部分の分配が含まれているものと評価し得ることから、その全部又は一部を受取配当とみなすことにより、配当に係る課税の回避を防止し、適正な課税を実現することをその趣旨とするものであると解される。

　他方において、利益剰余金にも資本部分が含まれている可能性は否定できないところである。しかし、旧商法上の利益の配当に関する税務上の扱いを定めていた平成18年改正前の法人税法23条1項1号は、旧商法の平成13年法律第79号による改正により資本準備金の取崩しをした上で資本剰余金を原資として利益の配当をすることが可能となった後も改正されることはなく、それが旧商法上の利益の配当の手続に基づいて行われる以上、実質的に資本部分の払戻しであっても通常の利益の配当と同様に受取配当として扱っていた。そして、会社法施行に伴う平成18年改正後の法人税法23条1項1号においても、利益剰余金のみを原資とする剰余金の配当については、これが全額課税の対象となり得ることを前提に、その全部又は一部を益金の額に算入しないこととし、また、法人税法施行令9条1項8号（**（編注）現行法：法人税法施行令9条8号**）は、同法23条1項1号の剰余金の配当が行われた場合には、その配当に係る金額を当該配当を行った法人の利益積立金額から減算することとしており、その一部を資本部分の払戻しとして扱うこととはしていない。

(4)　以上によれば、法人税法は、資本部分と利益部分とを峻別するという基本的な考え方に立ちつつも、会社財産の株主への払戻しについて、その原資の会社法上の違いにより23条1項1号と24条1項3号の適用を区別することとし、利益剰余金のみを原資とする払戻しは、23条1項1号により、資本部分が含まれているか否かを問わずに一律に利益部分の分配と扱った上でその全部又は一部を益金の額に算入しないこととする一方で、資本剰余金のみを原資とする払戻しは、24条1項3号により、資本部分の払戻しと利益部分の分配とに分け、後者の金額を23条1項1号の配当とみなすこととするという仕組みを採っているものということができる。

　　　上記の仕組みに照らしてみれば、法人税法24条1項3号は、利益剰余金及び資本剰余金の双方を原資として行われた剰余金の配当の場合には、そのうち利益剰余金を原資とする部分については、その全額を利益部分の分配として扱う一方で、資本剰余金を原資とする部分については、利益部分の分配と資本部分の払戻しとに分けることを想定した規定であり、利益剰余金を原資とする部分を資本部分の払戻しとして扱うことは予定していないものと解される。

(5)　法人税法24条3項（**（編注）現行法：4項**）の委任を受けて株式対応部分金額の計算方法について規定する法人税法施行令23条1項3号は、会社財産の払戻しについて、資本部分と利益部分の双方から純資産に占めるそれぞれの比率に従って比例的にされたものと捉えて株式対応部分金額を計算しようとするものであるところ、直前払戻等対応資本金額等の計算に用いる施行令規定割合を算出する際に分子となる金額…（略）…を当該資本の払戻しにより交付した金銭の額ではなく減少資本剰余金額とし、資本剰余金を原資とする部分のみについて上記の比例的な計算を行うこととするものであるから、この計算方法の枠組みは、前記の同法の趣旨に適合するものであるということができる。しかしながら、簿価純資産価額が直前資本金額より少額である場合に限ってみれば、上記の計算方法では減少資本剰余金額を超える直前払戻等対応資本金額等が算出されることとなり、利益剰余金及び資本剰余金の双方を原資として行われた剰余金の配当において上記のような直前払戻等対応資本金額等が算出されると、利益剰余金を原資とする部分が資本部分の払戻しとして扱われることとなる。

　　　そうすると、株式対応部分金額の計算方法について定める法人税法施行令23

条１項３号の規定のうち、資本の払戻しがされた場合の直前払戻等対応資本金額等の計算方法を定める部分は、利益剰余金及び資本剰余金の双方を原資として行われた剰余金の配当につき、減少資本剰余金額を超える直前払戻等対応資本金額等が算出される結果となる限度において、法人税法の趣旨に適合するものではなく、同法の委任の範囲を逸脱した違法なものとして無効というべきである。

2　受取配当等の益金不算入制度

(1)　内容

　内国法人が他の内国法人（公益法人等又は人格のない社団等を除きます。）から配当等の額を受けた場合には、次の当該他の内国法人に係る株式等の区分に応じ、それぞれに掲げる金額を益金の額に算入しないこととされています（法法23①、法令19①）。

　なお、配当等の額とは、剰余金の配当（株式等に係るものに限るものとし、資本剰余金の額の減少に伴うもの並びに分割型分割によるもの及び株式分配を除きます。）、利益の配当（分割型分割によるもの及び株式分配を除きます。）又は剰余金の分配（出資に係るものに限ります。）の額（適格現物分配に係るものを除きます。）をいいます（法法23①かっこ書）。

〈配当等の額に係る益金不算入額〉

①	完全子法人株式等（下記(2)参照）	配当等の額の100％
②	関連法人株式等（下記(3)参照）	配当等の額の96％（注１）
③	非支配目的株式等（下記(4)参照）	配当等の額の20％
④	その他株式等（注２）（下記(5)参照））	配当等の額の50％

(注)１　関連法人株式等に係る益金不算入額については、その関連法人株式等に係る配当等の額からその配当等の額に係る利子の額に相当する金額を控除した金額とされており、その利子の額に相当する金額は、原則として、その配当等の額の４％相当額とされています（法令19①）。

　　　　ただし、その事業年度に係る支払利子等の額（負債の利子又は手形の割引料、法

人税法施行令136条の2第1項（金銭債務の償還差損益）に規定する満たない部分の金額その他経済的な性質が利子に準ずるものの額をいいます。）の合計額の10％相当額がその事業年度において受ける関連法人株式等に係る配当等の額の合計額の4％相当額以下であるときは、利子の額に相当する金額は、特例として、次の金額になります（法令19②）。

$$\text{その事業年度に係る支払利子等の額の合計額} \times 10\% \times \frac{\text{その配当等の額}}{\text{その事業年度において受ける関連法人株式等に係る配当等の額の合計額}}$$

　なお、令和4年4月1日前に開始した事業年度における関連法人株式等に係る益金不算入額については、その事業年度において受ける関連法人株式等に係る配当等の額の合計額から、その事業年度の支払利子等の額のうち、その関連法人株式等に係る部分の金額として一定の計算をした金額を控除した金額とされています（令2改正法施行前の法法23④、令2改正法附則14②）。

2　上記①から③以外の株式等をいいます。

(2)　完全子法人株式等

　完全子法人株式等とは、配当等の額の計算期間（注1）の初日から末日まで継続してその配当等をする他の内国法人（公益法人等及び人格のない社団等を除きます。）との間に完全支配関係（注2）がある場合（注3）の当該他の内国法人の株式等（注4）をいいます（法法23⑤、法令22の2①）。

（注）1　計算期間とは、その受ける配当等の額に係る配当等の前に最後に当該他の内国法人によりされた配当等の基準日（基準日に準ずる日等を含みます。以下同じ。）の翌日（翌日がその受ける配当等の額に係る基準日から起算して1年前の日以前の日である場合その他一定の場合には、その1年前の日の翌日その他一定の日）からその受ける配当等の額に係る基準日までの期間をいいます（法令22の2②）。

2　完全支配関係とは、一の者が法人の発行済株式又は出資（その法人が有する自己の株式等を除きます。以下、発行済株式等といいます。）の全部を直接若しくは間接に保有する一定の関係（当事者間の完全支配の関係）又は一の者との間に当事者間の完全支配の関係がある法人相互の関係をいいます（法法2十二の七の六）。

3　その内国法人が計算期間の中途において当該他の内国法人との間に完全支配関係を有することとなった場合において、その初日からその完全支配関係を有することとなった日まで継続して当該他の内国法人と他の者との間に当該他の者による完全支配関係があり、かつ、同日からその末日まで継続してその内国法人と当該他の者

との間及び当該他の内国法人と当該他の者との間に当該他の者による完全支配関係があるときを含みます。

4　その受ける配当等の額がみなし配当等の額であるときは、そのみなし配当等の額に係る配当等がその効力を生ずる日（その効力を生ずる日の定めがない場合には、その配当等がされる日。以下、効力発生日といいます。）の前日においてその内国法人と当該他の内国法人との間に完全支配関係がある場合の当該他の内国法人の株式等

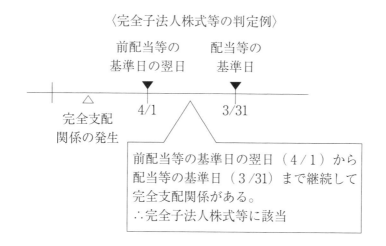

〈完全子法人株式等の判定例〉

(3)　関連法人株式等

　関連法人株式等とは、内国法人（その内国法人との間に完全支配関係がある他の法人を含みます（注）。）が他の内国法人（公益法人等及び人格のない社団等を除きます。）の発行済株式等の総数又は総額の3分の1を超える数又は金額の株式等を、その内国法人が当該他の内国法人から受ける配当等の額に係る配当等の前に最後に当該他の内国法人によりされた配当等の基準日の翌日（翌日がその受ける配当等の額に係る基準日から起算して6月前の日以前の日である場合その他一定の場合には、その6月前の日の翌日その他一定の日）からその受ける配当等の額に係る基準日（その配当等の額がみなし配当等の額（資本の払戻しに係る部分を除きます。）である場合には、そのみなし配当等の額に係る効力発生日の前日）まで引き続き有している場合における当該他の内国法人の株式等（完全子法人株式等を除きます。）をいいます（法法23④、法令22①②）。

(注)　完全支配関係がある他の法人を含む取扱いは、令和4年4月1日以後に開始する事

業年度から適用されます（令２改正法附則14①）。

　なお、「他の法人」とされていることから、内国法人に限定されていないため、完全支配関係がある外国法人も含まれることになります（内藤景一朗他『令和２年版　改正税法のすべて』1124頁（大蔵財務協会　令和２年））。

〈関連法人株式等の判定例〉

```
        前配当等の           配当等の
        基準日の翌日          基準日
         ▼  5/1  10/1        ▼
        4/1  △    △        3/31
         株式
         取得
```

発行済株式等の３分
の１超を取得※

※完全支配関係なし

配当等の額に係る基準日（3/31）から起算して６月前の日の翌日（10/1）から配当等の額の基準日まで引き続き発行済株式等の３分の１超を有しており※、完全支配関係がない。
∴関連法人株式等に該当

※前配当等の基準日の翌日（4/1）が配当等の額に係る基準日（3/31）から起算して６月前の日（9/30）以前の日であるため、その６月前の日の翌日（10/1）から配当等の額の基準日までの期間が関連法人株式等に該当するかの判定期間となる。

⑷　非支配目的株式等

　非支配目的株式等とは、内国法人（その内国法人との間に完全支配関係がある他の法人を含みます（注）。）が他の内国法人の発行済株式等の総数又は総額の５％以下に相当する数又は金額の当該他の内国法人（公益法人等及び人格のない社団等を除きます。）の株式等を、その内国法人が当該他の内国法人から受ける配当等の額に係る基準日（その配当等の額がみなし配当等の額（資本の払戻しに係る部分を除きます。）である場合には、その効力発生日の前日）において有する場合における当該他の内国法人の株式等（完全子法人株式等を除きます。）をいいます（法法23⑥、法令22の３①）。

　なお、法人税法23条2項の規定により、受取配当金等の益金不算入制度の対象とならない配当等の額に係る株式等（短期保有株式等）については、その内国法人が基準日において有していないものとして、非支配目的株式等の判定をすることとされています（法令22の3②）。

（注）　上記(3)（注）と同様となります。

〈非支配目的株式等の判定例〉

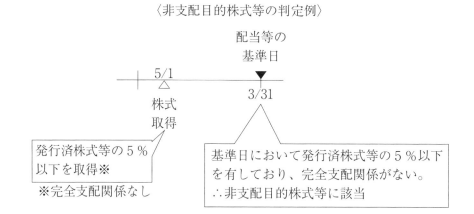

(5)　その他株式等

　その他株式等とは、上記(1)から(4)以外の株式等をいいます（法法24①他）。

　すなわち、基本的には、内国法人が他の内国法人の発行済株式等の総数又は総額の5％超3分の1以下の数又は金額の株式等を有する場合が該当することになります。

　また、保有割合を計算するときにおいては、その内国法人との間に完全支配関係がある他の法人の保有割合を含めて判定することとされています（注）。この取扱いは、明文化されていませんが、上記(2)から(4)の株式等の判定においては、いずれもその内国法人との間に完全支配関係がある他の法人の保有割合を含めることとされていることから、その他株式等についても、同様に判定することになります（内藤景一朗他『令和2年版　改正税法のすべて』1124頁（大蔵財務協会　令和2年））。

（注）　上記(3)（注）と同様となります。

（参考）　外国子会社から受ける配当等の益金不算入制度

1　内容

　内国法人が外国子会社（下記 2 参照）から受ける配当等の額がある場合には、その配当等の額からその配当等の額の 5 ％に相当する金額を控除した金額は、益金の額に算入しないこととされています（法法23の 2 ①、法令22の 4 ②）。

2　外国子会社

　外国子会社とは、次に掲げる割合のいずれかが25％以上であり、かつ、その状態がその内国法人が外国法人から受ける配当等の額の支払義務が確定する日（その配当等の額がみなし配当の額（資本の払戻しに係る部分を除きます。）である場合には、同日の前日）以前 6 月以上（その外国法人がその確定する日以前 6 月以内に設立された法人である場合には、その設立の日からその確定する日まで）継続していることとの要件を備えている外国法人をいいます（法法23の 2 ①、法令22の 4 ①）。

①　その外国法人の発行済株式等のうちにその内国法人が保有している株式等の数又は金額の占める割合

②　その外国法人の発行済株式等のうちの議決権のある株式等の数又は金額のうちにその内国法人が保有している株式等の数又は金額の占める割合

〈外国子会社の判定例〉

配当等の額
の支払義務
確定日

```
          5/1  10/1
   ┼───────△────△──────┼──────────
  4/1        株式        3/31
           取得
```

発行済株式等の
25％以上を取得

支払義務が確定する日（3/31）以前
6 月以上継続して外国法人の発行済
株式等の25％以上を保有
∴外国子会社に該当

第2〉株式等の譲渡損益

1　資本の払戻し等による株式等の譲渡損益

⑴　原則

　資本の払戻し等が行われた場合には、株主等にとっては有価証券の譲渡とされているため、その譲渡対価の額（有価証券の譲渡の時における有償による譲渡により通常得べき対価の額をいう。以下同じ。）と譲渡原価の額（下記⑶参照）との差額が譲渡損益となります（法法61の2①⑱）。

　ただし、みなし配当の額がある場合には、その譲渡対価の額からみなし配当の額を控除した金額を譲渡対価の額として、譲渡損益の額を計算することになります（法法61の2①かっこ書）。

〈資本の払戻し等の場合におけるみなし配当の額と譲渡損益の関係性〉

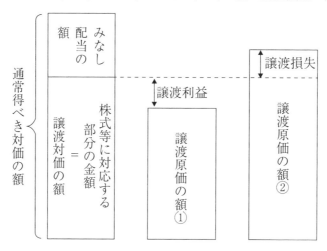

⑵　完全支配関係がある場合の特例

　内国法人が所有株式（その内国法人が有していた株式等をいいます。以下同じ。）を発行した他の内国法人（その内国法人との間に完全支配関係（上記第1　2⑵（注

２）参照）があるものに限ります。）の資本の払戻し等により金銭その他の資産の交付を受けた場合又は資本の払戻し等により当該他の内国法人の株式等を有しないこととなった場合（当該他の内国法人の残余財産の分配を受けないことが確定した場合を含みます。）には、譲渡損益の計算における譲渡対価の額は、譲渡原価に相当する金額とされ、譲渡損益が生じないこととされています（法法61の２⑰）。

　なお、譲渡損益に相当する金額（みなし配当の金額及び譲渡対価の額とされた金額（譲渡原価の額）の合計額から資本の払戻し等により交付を受けた金銭の額及び資産の価額（注）の合計額を減算した金額）については、資本金等の額から減算することとされています（法令８①二十二）。

　したがって、譲渡損失に相当する金額は資本金等の額の減少となり、譲渡利益に相当する金額は資本金等の額の増加となります。

（注）　適格現物分配に係る資産にあっては、その資産の取得価額とされる金額となります。

〈完全支配関係がある場合におけるみなし配当の額と譲渡損益の関係性〉

① 　上記(1)の図の
　　「譲渡原価の額①」の場合

② 　上記(1)の図の
　　「譲渡原価の額②」の場合

〈資本金等の額の増減〉

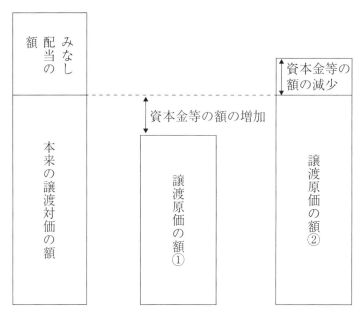

(3)　譲渡原価の額

　資本の払戻し等が行われた場合の譲渡原価の額は、次の区分に応じ、それぞれに掲げる金額とされています（法法61の２⑱、法令119の９）。

①　資本の払戻しを行った法人が１の種類の株式等を発行していた法人である場合又は解散による残余財産の分配の場合

　　次の算式により計算した金額

$$\text{譲渡原価の額} \ = \ \text{資本の払戻し等直前における所有株式の帳簿価額} \ \times \ \text{払戻割合（注）}$$

(注)　上記第１　１(2)① i の算式における払戻割合と同様です。

②　資本の払戻しを行った法人が２以上の種類の株式等を発行していた法人である場合

　　次の算式により計算した金額

$$\text{譲渡原価の額} \ = \ \text{資本の払戻し等直前における所有株式の帳簿価額} \ \times \ \text{種類払戻割合（注）}$$

（注）　上記第1　1(2)①ⅱの算式における種類払戻割合と同様です。

(4)　設例

S社は、資本剰余金（その他資本剰余金）を原資とする配当を行った。

前提①　資本剰余金の配当は、現金200である。

②　P社におけるS社株式の帳簿価額は、500である。

③　S社は、1の種類の株式を発行する法人であり、払戻割合は、20％である。

④　S社の資本金等の額のうち、交付の基因となった株式に対応する部分の金額（減資資本金額）は、70である。

⑤　P社においてS社株式は、完全子法人株式等、関連法人株式等及び非支配目的株式等のいずれにも該当しない。

⑥　会計上は、資本剰余金の配当である現金200について、S社株式の帳簿価額から減額する処理を行っている（注）。

⑦　みなし配当に係る源泉徴収は、考慮しない。

（注）　株主がその他資本剰余金の処分による配当を受けた場合には、配当の対象となる有価証券が売買目的有価証券である場合を除き、原則として、配当受領額を配当の対象である有価証券の帳簿価額から減額することとされています（資本剰余金指針3）。

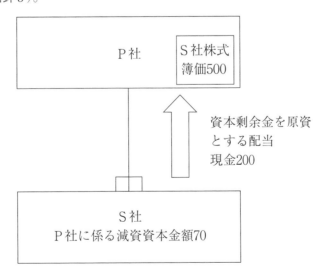

＜P社＞

（会計上）

（借方）		（貸方）	
現金	200	S社株式	200

（税務上）

（借方）		（貸方）	
現金	200	みなし配当（注1）	130
		譲渡対価（注2）	70

（借方）		（貸方）	
譲渡原価（注3）	100	S社株式	100

（借方）		（貸方）	
みなし配当	65	社外流出	65

（申告調整）

（借方）		（貸方）	
S社株式	100	みなし配当	130
譲渡損	30		

（借方）		（貸方）	
みなし配当	65	社外流出	65

＜P社の別表四の記載例＞

	区分	総額	留保	社外流出	
加算	みなし配当	130	130		
	小計	130	130		
減算	受取配当等の益金不算入額	65		※	65
	譲渡損	30	30		
	小計	95	30		65
	所得金額又は欠損金額	35	100		△65

＜Ｐ社の別表五㈠の記載例＞

I　利益積立金額の計算に関する明細書				
区分	期首	減	増	期末
Ｓ社株式（みなし配当）			130	130
Ｓ社株式（譲渡損）		30		△30
差引合計額		30	130	100

(注)1　現金200　－　減資資本金額70　＝　みなし配当の額130（法法24①四、法令23①

四）

2　現金200　－　みなし配当の額130　＝　譲渡対価70（法法61の2①一）

3　帳簿価額500　×　払戻割合20％　＝　譲渡原価100（法法61の2⑱、法令119の9）

∴譲渡対価70　－　譲渡原価100　＝　譲渡損失30（法法61の2①）

　資本剰余金の配当を受けた法人（Ｐ社）は、みなし配当130について益金不算入制度が適用され、Ｓ社株式は完全子法人株式等、関連法人株式等及び非支配目的株式等のいずれにも該当しない株式等であるため、みなし配当の50％である65が益金の額に算入されないこととなる一方、株式の譲渡対価の額はみなし配当の金額を控除することとされているため、譲渡対価70と譲渡原価100との差額30が譲渡損失として損金の額に算入されることになります（法法23①、24①、61の2①）。

2　自己株式の取得による株式等の譲渡損益

(1)　原則

　自己株式の取得が行われた場合には、それに応じた株主等にとっては有価証券の譲渡となるため、その譲渡対価の額と譲渡原価の額との差額が譲渡損益とされます（法法61の2①）。

　ただし、みなし配当の額がある場合には、その譲渡対価の額からみなし配当の額を控除した金額を譲渡対価の額として、譲渡損益の額を計算することになります（法法61の2①一かっこ書）。

〈自己株式の取得の場合におけるみなし配当の額と譲渡損益の関係性〉

通常得べき対価の額
- みなし配当の額
- 譲渡対価の額 ＝ 株式等に対応する部分の金額

譲渡利益

譲渡損失

譲渡原価の額① ＝ 取得価額

譲渡原価の額② ＝ 取得価額

⑵　完全支配関係がある場合の特例

　内国法人が所有株式を発行した他の内国法人（その内国法人との間に完全支配関係（上記第１　２⑵（注２）参照）があるものに限ります。）の自己株式の取得により金銭その他の資産の交付を受けた場合（口数の定めがない出資についての出資の払戻しに係るものである場合にあっては、その交付を受けた時においてその所有株式を有する場合に限ります。）又は自己株式の取得により当該他の内国法人の株式等を有しないこととなった場合には、譲渡損益の計算における譲渡対価の額は、譲渡原価に相当する金額とされ、譲渡損益が生じないこととされています（法法61の２⑰）。

　なお、譲渡損益に相当する金額（みなし配当の金額及び譲渡対価の額とされた金額（譲渡原価の額）の合計額から自己株式の取得により交付を受けた金銭の額及び資産の価額（注）の合計額を減算した金額については、資本金等の額から減算することとされています（法令８①二十二）。

　したがって、譲渡損失に相当する金額は資本金等の額の減少となり、譲渡利益に相当する金額は資本金等の額の増加となります。

（注）　適格現物分配に係る資産にあっては、その資産の取得価額とされる金額となります。

〈完全支配関係がある場合におけるみなし配当の額と譲渡損益の関係性〉

① 上記(1)の図の
「譲渡原価の額①」の場合

② 上記(1)の図の
「譲渡原価の額②」の場合

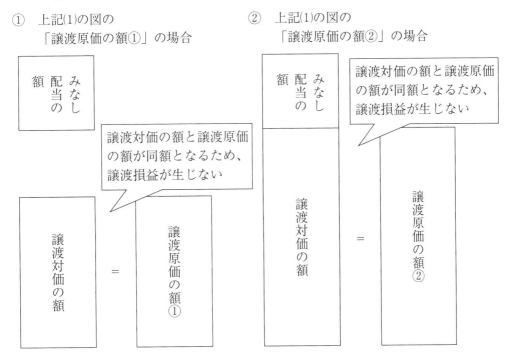

〈資本金等の額の増減〉

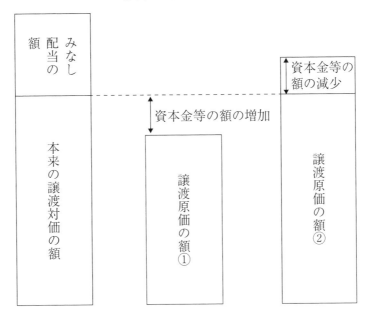

(3)　自己株式として取得されることを予定して取得した株式

イ　みなし配当に係る益金不算入制度の不適用

　内国法人がその受ける自己株式の取得（上記第1　1⑴（注2）①に限ります。）に基因するみなし配当の額の元本である株式等で自己株式の取得が行われることが予定されているもの（下記ロ参照）の取得（適格合併又は適格分割型分割による引継ぎを含みます。）をした場合におけるその取得をした株式等に係る配当等の額のうち、次に掲げる区分に応じ、それぞれに掲げるものについては、受取配当等の益金不算入制度（上記第1　2⑴参照）及び外国子会社から受ける配当等の益金不算入制度（上記第1　2（参考）参照）を適用しないこととされています（法法23③、23の2②二、法令21、22の4③）。

〈益金不算入制度が不適用となる配当等の額〉

①	その取得をした株式等（取得株式等）が適格合併、適格分割又は適格現物出資により被合併法人、分割法人又は現物出資法人（被合併法人等）から移転を受けたものである場合	予定されていた自己株式の取得（注）がその被合併法人等のその取得株式等の取得の時においても生ずることが予定されていた場合におけるその自己株式の取得に基因する配当等の額
②	①に掲げる場合以外の場合	予定されていた自己株式の取得（注）に基因する配当等の額

（注）　上記(2)の適用があるものを除きます（法法23③）。

　なお、この規定は、自己株式の取得が予定されている株式等について、譲渡損失の計上を目的として取得し、予定どおり取得されることによりその目的を達成するといった租税回避的な行為を防止するために設けられた措置となります（泉恒有他『平成22年版改正税法のすべて』338頁（大蔵財務協会　平成22年）。

34

〈みなし配当の額が益金不算入とされる場合〉

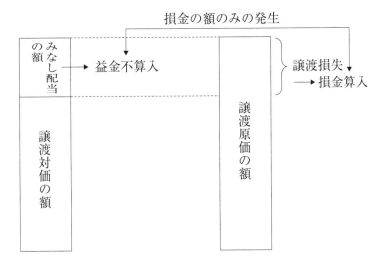

〈みなし配当の額が益金不算入とされない場合〉

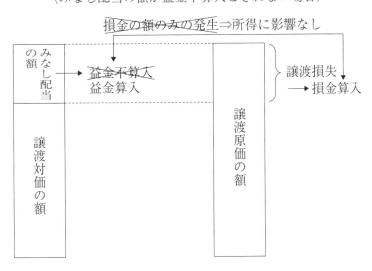

ロ 「自己株式としての取得が行われることが予定されているもの」の範囲

　「自己株式としての取得が行われることが予定されているもの」の範囲としては、「自己株式の取得が具体的に予定されていることを必要とし、例えば公開買付けに関する公告がされている場合や組織再編成（すなわち反対株主の買取請求）が公表されている場合には予定されていることに該当しますが、単に取得条項や取得請求権が付されていることのみをもっては予定されていることには該当しないと考えられます。」

と説明されています（泉恒有他『平成22年版 改正税法のすべて』338頁（大蔵財務協会 平成22年））。

　なお、公開買付期間中に取得した株式について、公開買付けが行われなかったときには、その後自己株式の取得が行われても受取配当等の益金不算入制度及び外国子会社から受ける配当等の益金不算入制度の適用は制限しないこととされています（法基通3―1―8、3―3―4）。

〈公開買付制度を利用した場合の例〉

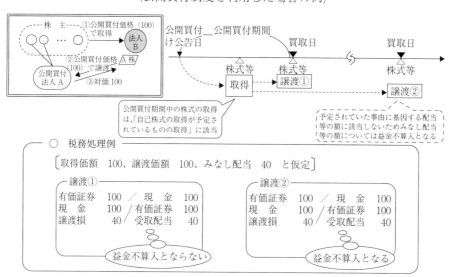

（国税庁資料を一部修正）

(4)　設例

　P社は、自己株式の取得に応じてS社株式を譲渡した。

　前提①　自己株式の取得の対価は、現金200である。

　　　②　取得されたP社におけるS社株式の帳簿価額は200である。

　　　③　S社の資本金等の額のうち、交付の基因となった株式に対応する部分の金額（取得資本金額）は、70である。

　　　④　P社においてS社株式は、完全子法人株式等、関連法人株式等及び非支配目的株式等のいずれにも該当しない。

　　　⑤　みなし配当に係る源泉徴収は考慮しない。

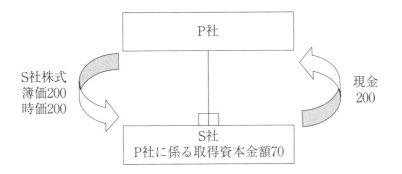

<P社>
（会計上）

（借方）		（貸方）	
現金	200	S社株式	200

（税務上）

（借方）		（貸方）	
現金	200	みなし配当（注1）	130
		譲渡対価（注2）	70

（借方）		（貸方）	
譲渡原価	200	S社株式	200

（借方）		（貸方）	
みなし配当	65	社外流出	65

（申告調整）

（借方）		（貸方）	
譲渡損	130	みなし配当	130

（借方）		（貸方）	
みなし配当	65	社外流出	65

第2章　みなし配当と譲渡損益

＜P社の別表四の記載例＞

	区分	総額	留保	社外流出	
加算	みなし配当	130	130		
	小計	130	130		
減算	受取配当等の益金不算入額	65		※	65
	譲渡損	130	130		
	小計	195	130		65
所得金額又は欠損金額		△65	0		△65

＜P社の別表五（一）の記載例＞

I　利益積立金額の計算に関する明細書				
区分	期首	減	増	期末
みなし配当			130	130
譲渡損		130		△130
差引合計額		130	130	0

（注）1　現金200－取得資本金額70＝みなし配当の額130（法法24①五、法令23①六）

　　　2　現金200－みなし配当の額130＝譲渡対価70（法法61の2①一）

　　　　∴譲渡対価70－譲渡原価200＝譲渡損失130（法法61の2①）

　自己株式の取得に応じて株式を譲渡した法人（P社）は、みなし配当130について益金不算入制度が適用され、S社株式は完全子法人株式等、関連法人株式等及び非支配目的株式等のいずれにも該当しない株式等であるため、みなし配当の50％である65が益金の額に算入しないこととされる一方、株式の譲渡対価の額はみなし配当の金額を控除することとされているため、譲渡対価70と譲渡原価200との差額130が譲渡損失として損金の額に算入されることになります（法法23①、24①、61の2①）。

　その結果、譲渡損失130と益金の額に算入されるみなし配当65の差額である65が損金として作り出されることになります。

　ただし、上記(3)の規定の適用がある場合には、みなし配当について益金不算入制度

が適用されないこととなりますので（法法23③）、益金の額に算入されるみなし配当が130となり、譲渡損失が130であることから、結局この取引において損益は生じないことになります。

ところで、この設例の状況で発行法人以外の法人に株式を譲渡した場合には、みなし配当は生じず、譲渡損益も生じないことになります。

したがって、上記(3)の規定の適用がある場合には、自己株式の取得により株式を発行法人に譲渡してみなし配当が生ずる場合においても、発行法人以外の法人に対して株式を譲渡した場合と同様の課税効果になります。

第3 抱合株式の譲渡

上記第1及び第2においては、資本の払戻し等及び自己株式の取得があった場合における、みなし配当と株式等の譲渡損益の取扱いを解説しましたが、抱合株式（合併法人が合併の直前に有していた被合併法人株式（注）又は被合併法人が合併の直前に有していた他の被合併法人株式をいいます。）を譲渡した場合についても、みなし配当と株式等の譲渡損益の取扱いが適用されます。この取扱いは、平成22年度税制改正によって改正されており、現行制度においてもその改正後の取扱いが重要であると考えられることから、本項においては、その取扱いを解説します。

なお、抱合株式の譲渡は、合併が前提であることから、下記1においては、合併が行われた場合の株主等の取扱いを解説しています。

(注)　被合併法人株式とは、被合併法人の株式等をいいます。

1　合併が行われた場合の株主等の取扱い

(1)　みなし配当

法人（公益法人等及び人格のない社団等を除きます。）の株主等である内国法人がその法人の非適格合併により金銭その他の資産の交付を受けた場合において、その金銭の額及び金銭以外の資産の価額の合計額がその法人の資本金等の額のうちその交付の基因となったその法人の株式等に対応する部分の金額を超えるときは、その超える部分の金額は、上記第1　2⑴の配当等の額とみなすこととされています（法法24①）。

この場合の株式等に対応する部分の金額は、次の算式により計算した金額とされています（法令23①一）。

$$
\text{株式等に対応する部分の金額} = \frac{\text{被合併法人の合併の日の前日の属する事業年度終了の時の資本金等の額}}{\text{被合併法人の合併の日の前日の属する事業年度終了の時の発行済株式等の総数又は総額}} \times \text{内国法人が合併直前に有していたその被合併法人株式の数又は金額}
$$

なお、この取扱いは、非適格合併に限定されている（法法24①一）ことから、適格

合併により金銭その他の資産の交付を受けた場合においては、みなし配当は生じないことになります。

(2) 株式等の譲渡損益

　合併が行われた場合には、被合併法人の株主等にとっては有価証券の譲渡となるため、原則として、その譲渡対価の額（有価証券の譲渡の時における有償によるその譲渡により通常得べき対価の額をいい、みなし配当の額がある場合には、その金額を控除した金額をいいます。）と譲渡原価の額との差額が譲渡損益となります（注）（法法61の2①）。

（注）　合併がその株主等に合併法人又は合併法人と他の法人との間にその法人による完全支配関係がある場合のその法人のうちいずれか一の法人の株式等以外の資産が交付されなかったものである場合において、合併によりその株式等の交付を受けたとき又は対価がない一定の合併により被合併法人株式を有しないこととなったときには、譲渡対価の額は、その合併の直前の帳簿価額に相当する金額とされています（法法61の2②）。したがって、このときには、譲渡損益は計上しないことになります（法法61の2①②）。

2　抱合株式の帳簿価額による譲渡

　合併が行われた場合において、抱合株式に対し、合併により合併法人株式（注）その他の資産の交付をしなかった場合においても、被合併法人の他の株主等が交付を受けた基準と同一の基準により、合併法人株式その他の資産の交付を受けたものとみなして、みなし配当及び抱合株式の譲渡損益の計算をすることとされています（法法24②、法令23⑤）。

　この場合における抱合株式の譲渡損益の計算においては、譲渡対価の額は、その抱合株式の合併の直前の帳簿価額に相当する金額とされています（法法61の2②③）。

　したがって、抱合株式の譲渡については、譲渡損益は計上しないことになります（法法61の2①～③）。

（注）　合併法人株式とは、合併法人の株式等をいいます。

〈抱合株式の譲渡損益の不計上〉

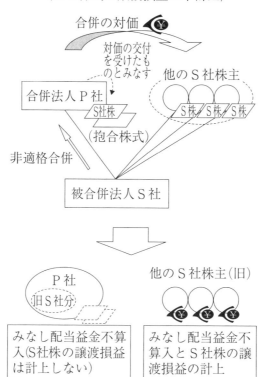

※　Ｐ社は、合併前にＳ社株を通じてＳ社の事業の支配をしており、合併後はＳ社が行っていた事業を直接行うこととなり、投資の継続が図られている。

（財務省資料を一部修正）

3　抱合株式に係る譲渡損益相当額

　上記1の規定の適用により、譲渡損益を計上しないこととされた譲渡損益相当額は、資本金等の額の減少・増加として処理することとされています（法令8①五）。

　具体的には、非適格合併の場合には、純資産価額（注）から合併により増加する資本金の額又は出資金の額、合併法人株式以外の交付金銭等の価額、抱合株式の帳簿価額及び抱合株式に係るみなし配当の額の合計額を減算した金額が資本金等の額の増加額となります。

　また、適格合併の場合には、純資産価額（注）から合併により増加する資本金の額又は出資金の額、合併法人株式以外の交付金銭等の価額及び抱合株式の帳簿価額の合

計額を減算した金額が資本金等の額の増加額となります。

　なお、適格合併の場合には、被合併法人から移転を受けた資産の帳簿価額から負債の帳簿価額、増加する資本金等の額、合併法人株式以外の交付金銭等の価額及び抱合株式の帳簿価額の合計額を減算した金額が利益積立金額の増加額となります（法令9二）。

　ちなみに、非適格合併及び適格合併のいずれにおいても、上記の「合計額を減算した金額」がマイナスである場合にはマイナスの増加となるため、資本金等の額又は利益積立金額の減少額となります。

(注)　純資産価額とは、次の合併の区分に応じ、それぞれに掲げる金額をいいます（法令8①五イ～ハ）。

①　非適格合併

　　合併に係る被合併法人の株主等に交付した合併法人株式その他の資産（抱合株式に対して交付されたものとみなされたものを含みます。）の価額の合計額（非適格合併が被合併法人の株主等に合併法人株式その他の資産が交付されない合併（無対価合併）であり、かつ、被合併法人と合併法人との間に一定の関係がある場合には、合併により移転を受けた資産の価額から負債の価額を控除した金額）

②　適格合併

　　被合併法人のその適格合併の日の前日の属する事業年度終了の時における資本金等の額に相当する金額

4　資産調整勘定等

　非適格合併により被合併法人から資産又は負債の移転を受けた場合において、非適格合併等により交付した合併法人株式その他の資産（抱合株式に対して交付されたものとみなされたものを含みます。）の価額の合計額が移転を受けた資産及び負債の時価純資産価額（その資産の取得価額の合計額からその負債の額の合計額を控除した金額をいいます。）を超える場合又はその時価純資産価額に満たない場合には、資産調整勘定又は負債調整勘定を計上することとされています（法法62の8①③）。

〈非適格合併に係る合併法人〉

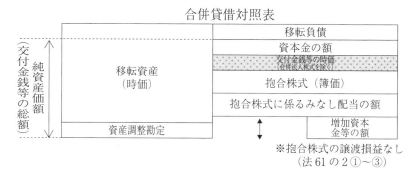

※抱合株式の譲渡損益なし
（法61の2①〜③）

〈適格合併に係る合併法人〉

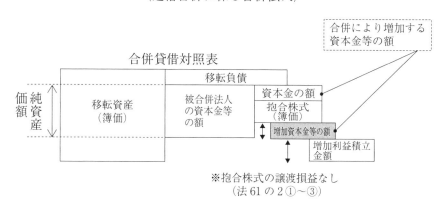

※抱合株式の譲渡損益なし
（法61の2①〜③）

（財務省資料を一部修正）

5　設例

⑴　非適格合併

前提①　合併法人は被合併法人株式を20%保有している。

　　②　合併に際して、合併法人以外の被合併法人の株主に対し合併法人株式（時価240）及び現金240が交付された。

　　③　合併法人における被合併法人株式の帳簿価額は120である。

　　④　合併により増加する資本金の額は100である。

　　⑤　被合併法人の合併直前の貸借対照表は次の図のとおりである。

　　⑥　譲渡益に係る税金は、考慮しない。

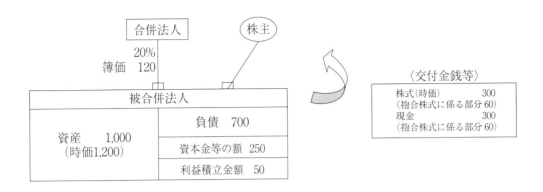

〈被合併法人の処理〉

○　合併法人への資産の移転

（借方）		（貸方）	
負債	700	資産	1,000
株式	300	譲渡益	300
現金	300		

○　株主への対価の交付

（借方）		（貸方）	
資本金等の額	250	株式	300
利益積立金額	350	現金	300

〈合併法人の処理〉

○　被合併法人からの資産の受入

（借方）		（貸方）	
資産（時価）	1,200	負債	700
資産調整勘定（差額）	100	資本金	100
		現金	300
		資本金等の額	①200

○　抱合株式に係る対価のみなし交付

（借方）		（貸方）	
現金	60	みなし配当（注1）	70
資本金等の額（自己株式）	②60	譲渡対価（注2）	120
資本金等の額（差額）	③70		

（借方）		（貸方）	
譲渡原価	120	被合併法人株式	120

（注）1　現金60＋合併法人株式（自己株式）60−被合併法人の資本金等の額250×合併法人
　　　　の保有割合20％＝みなし配当の額70
　　　2　抱合株式の譲渡対価の額は、譲渡原価の額（被合併法人株式の帳簿価額）とされま
　　　　す（法法61の２②③）。

〈合併法人の増加資本金等の額（法令8①五）〉

（交付金銭等の総額）純資産価額	株式	240	資本金	100
	株式（抱合株式部分）	60	現金（合併法人株式以外の交付金銭等）	240
	現金	240	抱合株式	120
	現金（抱合株式部分）	60	抱合株式に係るみなし配当	70
	（合計	600）	資本金等の額	70

仕訳における
資本金等の額
①	＋200
②	− 60
③	− 70
合計	70

一致

純資産価額600 − （資本金100＋交付金銭等240＋抱合株式120＋みなし配当70）
＝資本金等の額の増加額70

⑵　適格合併

前提①　合併法人は被合併法人株式を20％保有している。

　　②　合併に際して、合併法人以外の被合併法人の株主に対し合併法人株式（時
　　　価480）が交付された。

　　③　合併法人における被合併法人株式の帳簿価額は120である。

　　④　合併により増加する資本金の額は100である。

　　⑤　被合併法人の合併直前の貸借対照表は次の図のとおりである。

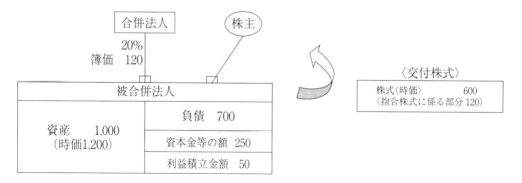

〈被合併法人の処理〉

○　合併法人への資産の移転

（借方）		（貸方）	
負債	700	資産	1,000
資本金等の額	250		
利益積立金額	50		

〈合併法人の処理〉

○　被合併法人からの資産の受入

（借方）		（貸方）	
資産（簿価）	1,000	負債	700
		資本金	100
		資本金等の額	①150
		利益積立金額	50

○　抱合株式に係る対価のみなし交付

（借方）		（貸方）	
資本金等の額（自己株式）（注2）	②120	譲渡対価（注1）	120

（借方）		（貸方）	
譲渡原価	120	被合併法人株式	120

(注)1　抱合株式の譲渡対価の額は、譲渡原価の額（被合併法人株式の帳簿価額）とされます
（法法61の2②③）。

　　2　資本金等の額（自己株式）は、被合併法人株式の帳簿価額相当額とされます
（法令8①五）。

〈合併法人の増加資本金等の額（法令8①五）〉

純資産価額250　−（資本金100＋抱合株式120）＝　資本金等の額の増加額30

（参考）　外国子会社からの配当と子会社株式の譲渡を組み合わせた租税回避への対応

1　概要

　内国法人が他の法人から配当等の額を受ける場合（その配当等の額に係る決議日等（注1）においてその内国法人と当該他の法人との間に特定支配関係（注2）がある場合に限ります。）において、その受ける配当等の額（上記第2　1⑵又は2⑵の適用がある場合における、みなし配当（以下、完全支配関係内みなし配当等の額といいます。）を除きます。）及び同一事業年度内配当等の額（注3）の合計額が、その配当等の額及び同一事業年度内配当等の額に係る各基準時（注4）の直前においてその内国法人が有する当該他の法人の株式等の帳簿価額のうち最も大きいものの10％に相当する金額を超えるとき（一定の要件（注5）に該当するときを除きます。）は、その内国法人が有する当該他の法人の株式等のその配当等の額に係る基準時における帳簿価額は、その基準時の直前における帳簿価額からその配当等の額のうち、受取配当等の益金不算入制度及び外国子会社から受ける配当等の益金不算入制度等により益金の額に算入されない金額（同一事業年度内配当等の額のうちにこの規定の適用を受けなかったものがある場合には、その適用を受けなかった同一事業年度内配当等の額のうち、受取配当等の益金不算入制度及び外国子会社から受ける配当等の益金不算入制度等により益金の額に算入されない金額の合計額を含みます。）に相当する金額を減算した金額とされています（法令119の3⑩、119の4①）。

（注）1　決議日等とは、配当等の額に係る決議の日又は決定の日をいいます。ただし、決議の日又は決定の日がない場合には、その配当等の額が効力を生ずる日（その効力を生ずる日の定めがない場合には、その配当等がされる日）となり、みなし配当が生ずる事由が生じたことに基因する金銭その他の資産の交付（配当等に該当するものを除きます。）である場合には、その事由が生じた日となります（法令119の3⑫一）。

　　　2　特定支配関係とは、一の者が法人の発行済株式若しくは剰余金の配当、利益の配当、剰余金の分配に関する決議、みなし配当が生ずる事由に関する決議若しくは役員の選任に関する決議に係る議決権（以下、配当等議決権といいます。）若しくは出資（その法人が有する自己の株式等を除きます。）の総数若しくは総額の50％を超える数若しくは金額の株式若しくは配当等議決権若しくは出資を

直接若しくは間接に保有する一定の関係（当事者間の支配の関係）又は一の者との間に当事者間の支配の関係がある法人相互の関係をいいます（法令119の3⑫二）。

3　同一事業年度内配当等の額とは、その配当等の額を受ける日の属する事業年度開始の日（同日後にその内国法人が当該他の法人との間に最後に特定支配関係を有することとなった場合には、その有することとなった日）からその受ける直前の時までの間にその内国法人が当該他の法人から配当等の額を受けた場合（その配当等の額に係る決議日等においてその内国法人と当該他の法人との間に特定支配関係があった場合に限ります。）におけるその受けた配当等の額（完全支配関係内みなし配当等の額を除きます。）をいいます（法令119の3⑩）。

4　基準時とは、会社法124条1項に規定する基準日又は株式会社以外の法人がする配当等に係る基準日に準ずる日が経過した時（みなし配当の場合には、そのみなし配当が生じた時）をいいます（法令119の3⑫三イ（ハ））。ただし、みなし配当以外の場合で基準日又は基準日に準ずる日の定めがない場合には、その配当等がその効力を生ずる時（その効力を生ずる時の定めがない場合には、その配当等がされる時）となります（法令119の3⑫三ロ）。

5　一定の要件とは、次のいずれかの要件をいいます（法令119の3⑩一～四）。

①　内国株主割合要件

②　特定支配日利益剰余金額要件

③　10年超支配要件

④　金額（2,000万円）要件

　なお、上記①の内国株主割合要件とは、当該他の法人の設立の時からその内国法人が当該他の法人との間に最後に特定支配関係を有することとなった日までの期間を通じて、当該他の法人の発行済株式等の総数又は総額のうちに占める普通法人（外国法人を除きます。）若しくは協同組合等又は居住者が有する当該他の法人の株式等の割合が90％以上であること（当該他の法人が普通法人であり、かつ、外国法人でない場合に限り、その期間を通じてその割合が90％以上であることを証する書類をその内国法人が保存していない場合を除きます。）をいいます（法令119の3⑩一）。

〈本制度のイメージ〉

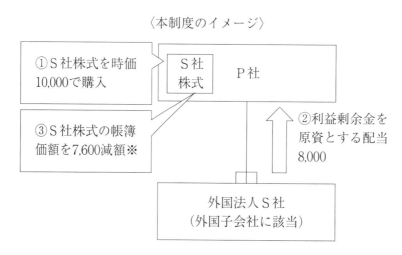

※　外国子会社からの配当の益金不算入額　8,000×95％＝7,600

2　制度の趣旨

　この制度は、令和2年度税制改正で創設された規定であり、その趣旨は、親会社が子会社株式を取得した後、その取得前に子会社が蓄積した留保利益相当部分を配当として益金不算入として受けるとともに、その配当により時価が下落した子会社株式を譲渡することにより、親会社が実質的に投資の回収を行っている状態であると認められるにもかかわらず、経済実態を伴わない税務上の損失を作り出させることが可能となっていることを防止するためと説明されています（内藤景一朗他『令和2年版　改正税法のすべて』474頁（大蔵財務協会　令和2年））。

〈令和2年度税制改正前の状況〉

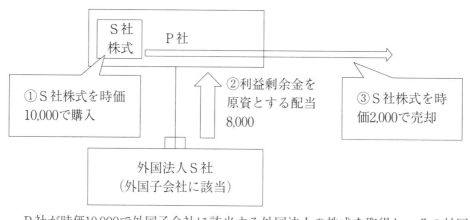

　P社が時価10,000で外国子会社に該当する外国法人の株式を取得し、その外国

子会社から利益剰余金を原資とする配当8,000の交付を受けた場合には、外国子会社からの剰余金の配当（上記第1　2（参考）参照）として、剰余金の配当の95%（配当8,000×95% = 7,600）が益金不算入とされる一方、剰余金の配当8,000により時価が2,000に下落した株式を譲渡することで、譲渡対価2,000と譲渡原価10,000との差額8,000が譲渡損失として損金の額に算入されることになります。

　その結果、譲渡損失8,000と配当8,000のうち、益金に算入される金額400（配当8,000－益金不算入額7,600）との差額である7,600が損金として作り出されることになります。

　現行においては、令和2年度税制改正により、上記1の適用を受けることになったため、益金不算入額に相当する金額（7,600）をS社株式の帳簿価額（10,000）から減算することで譲渡対価2,000と譲渡原価2,400（基準時直前の帳簿価額10,000－益金不算入額7,600）との差額400が譲渡損失として損金の額に算入され、配当8,000のうち、益金に算入される金額が400であることから、結局この取引において損益は生じないことになります。

第3章

欠損金の損金算入制度等

第1 > 欠損金の損金算入制度

　内国法人の各事業年度開始の日前10年（注1）以内に開始した事業年度において生じた欠損金額（この規定によりその各事業年度前の事業年度の所得の金額の計算上損金の額に算入されたもの及び欠損金の繰戻しによる還付の規定（法法80）により還付を受けるべき金額の計算の基礎となったものを除きます。）がある場合には、その欠損金額に相当する金額のうち、損金算入限度額（注2）に達するまでの金額は、その各事業年度の所得の金額の計算上、損金の額に算入することとされています（注3）（法法57①）。

(注)1　平成30年4月1日前に開始した事業年度において生じた欠損金額については、「各事業年度開始の日前9年」となります（平27改正法附則27①）。

　2　損金算入限度額とは、この規定を適用せず、かつ、再生手続開始の決定等による債務免除等があった場合（法人税法25条3項又は33条4項の規定の適用を受ける場合を除きます。）の欠損金の損金算入の規定（法法59③）及び下記第2の1の規定（法法59④）並びに残余財産の確定の日の属する事業年度に係る事業税等の損金算入の規定（法法62の5⑤）の規定を適用しないものとして計算した場合における、その各事業年度の所得の金額の50％に相当する金額をいいます（法法57①）。

　　　ただし、内国法人が各事業年度終了の時において、資本金の額又は出資金の額が1億円以下である普通法人であって、資本金の額又は出資金の額が5億円以上である法人等による完全支配関係（第2章第1　2(2)（注2）参照）がないもの（以下、中小法人等といいます。）である場合その他一定の場合には、上記の「所得の50％に相当する金額」は、「所得の金額」となります（法法57⑪）。

　3　欠損金額の生じた事業年度が青色申告書を提出した事業年度でない場合には、この制度の対象となる欠損金額は、その事業年度の欠損金額のうち、棚卸資産、固定資産又は一定の繰延資産について、震災、風水害又は火災等の災害により生じた損失の額として一定の金額（以下、災害損失金といいます。）に限られています（法法58①）。

　　　なお、本書では、欠損金額の生じた事業年度が青色申告書を提出した事業年度である場合には、その欠損金額を「青色欠損金」としています。

> ## 第2　解散をした場合の設立当初からの欠損金の損金算入制度

1　内容

　内国法人が解散した場合において、残余財産がないと見込まれるとき（下記3参照）は、その清算中に終了する事業年度（更生手続開始の決定があった場合等の一定の事実（下記4参照）が生じた場合の設立当初からの欠損金の損金算入制度（法法59①②③）の適用を受ける事業年度を除きます。以下、適用年度といいます。）前の各事業年度において生じた欠損金額で適用年度終了の時における前事業年度以前の事業年度から繰り越された欠損金額の合計額から、上記第1の規定により適用年度の損金の額に算入される欠損金額を控除した金額（その金額がこの規定及び残余財産の確定の日の属する事業年度に係る事業税等の損金算入の規定（法法62の5⑤）を適用しないものとして計算した場合におけるその適用年度の所得の金額を超える場合には、その超える部分の金額を控除した金額）は、その適用年度の所得の金額の計算上、損金の額に算入することとされています（法法59④、法令117の5）。また、この規定は、上記第1の規定の適用後に適用されます。

　なお、前事業年度以前の事業年度から繰り越された欠損金額の合計額とは、その事業年度の確定申告書に添付する法人税申告書別表五（一）の「利益積立金額及び資本金等の額の計算に関する明細書」に期首現在利益積立金額の合計額として記載されるべき金額で、その金額が負（マイナス）である場合のその金額によることとされています（法基通12—3—2、平22国税庁質疑応答事例問8（102頁））。ただし、その金額が、その確定申告書に添付する法人税申告書別表七（一）の「欠損金又は災害損失金の損金算入等に関する明細書」に控除未済欠損金額として記載されるべき金額に満たない場合には、その控除未済欠損金額として記載されるべき金額によることとされています（法基通12—3—2）。

　また、マイナスの資本金等の額がある場合には、そのマイナスの資本金等の額は、「前事業年度以前の事業年度から繰り越された欠損金額」と同様に取り扱われることとされています（法令117の5一）。この取扱いは、資本金等の額がマイナスである場

合には、残余財産がないにもかかわらず税額が発生する場面があり得るため、設けられた規定となります（斎須朋之他『平成23年版　改正税法のすべて』277頁（大蔵財務協会　平成23年））。

〈所得計算〉

収益と期限切れ欠損金の相殺
⇒課税所得なし

（財務省資料を一部修正）

2　設立当初からの欠損金の損金算入額（利用額）の内訳

　設立当初からの欠損金は、青色欠損金又は災害損失金の部分とそれ以外の期限切れ欠損金の部分から成りますが、この規定の適用により設立当初からの欠損金が利用された場合には、青色欠損金又は災害損失金（適用年度における欠損金の損金算入制度に利用されていない青色欠損金又は災害損失金）の部分から先に利用されたものとされ、次いで期限切れ欠損金の部分が利用されたものとされます（法令112⑫）。

　なお、この規定の適用により利用されたものとされた青色欠損金又は災害損失金は、適用年度後の各事業年度に繰り越すことはできません（法法57⑤）。

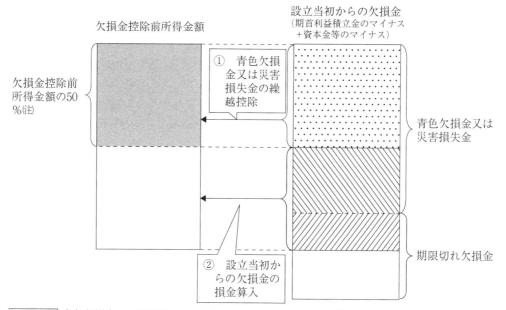

欠損金控除前所得金額

設立当初からの欠損金
（期首利益積立金のマイナス
＋資本金等のマイナス）

欠損金控除前
所得金額の50
％(注)

① 青色欠損
金又は災害
損失金の繰
越控除

青色欠損金又は
災害損失金

② 設立当初か
らの欠損金の
損金算入

期限切れ欠損金

┈┈┈┈ 青色欠損金又は災害損失金の繰越控除により利用される青色欠損金又は災害損失金

╲╲╲╲ 設立当初からの欠損金の損金算入により利用される青色欠損金又は災害損失金

╱╱╱╱ 設立当初からの欠損金の損金算入により利用される期限切れ欠損金

(注)　中小法人等に該当する場合その他一定の場合には、50％の制限は適用されません。

3　残余財産がないと見込まれるかどうかの判定

　残余財産がないと見込まれるかどうかの判定は、清算中に終了する各事業年度終了の時の現況によることとされ（法基通12―3―7）、その事業年度終了の時において債務超過の状態にあるときは、残余財産がないと見込まれるときに該当することとされています（法基通12―3―8）。

　なお、法人に残余財産がないと見込まれるかどうかの判定は、上記のとおり、その法人の清算中に終了する各事業年度終了の時の現況によることから、残余財産がないと見込まれると判断して設立当初からの欠損金額を損金算入した後に、状況が変わって当初の見込みと異なることになっても、過去において行った設立当初からの欠損金額の損金算入をさかのぼって修正する必要はないことに留意する必要があります（髙橋正朗『十訂版　法人税基本通達逐条解説』1253頁（税務研究会出版局　令和3年）。

　また、この残余財産がないと見込まれるかどうかは、一般的には、実態貸借対照表（注1）によりその法人が債務超過の状態にあるかどうかにより確認することができ

ますが、これに限られるものではなく、例えば、法人の清算が次の①から③の手続により行われている場合には、それぞれの場合が残余財産がないと見込まれるときに該当するものと考えられます（平22国税庁質疑応答事例問10（104頁））。

① 清算型の法的整理手続である破産又は特別清算の手続開始の決定又は開始の命令がなされた場合（特別清算の開始の命令が「清算の遂行に著しい支障を来すべき事情があること」のみを原因としてなされた場合を除きます。）

② 再生型の法的整理手続である民事再生又は会社更生の手続開始の決定後、清算手続が行われる場合

③ 公的機関が関与又は一定の準則に基づき独立した第三者が関与して策定された事業再生計画に基づいて清算手続が行われる場合（注2、3）

(注) 1 資産及び負債の価額により作成される貸借対照表をいいます（法基通12—3—9）。

2 公的機関又は独立した第三者が関与する私的整理手続において、第二会社方式による事業再生（再生会社が第二会社に事業を譲渡し、再生会社自体は清算をするスキームをいいます。）が行われる場合には、公的機関又は独立した第三者が関与した上で債務超過であることの検証がなされ、その検証結果に基づいて策定された事業再生計画に従って再生会社の清算が行われます。

3 公的機関又は独立した第三者が関与する私的整理手続としては、例えば、地域経済活性化支援機構、整理回収機構、中小企業活性化協議会等の公的機関が関与する手続や、私的整理ガイドライン、産業競争力強化法に基づく特定認証紛争解決手続により関与するものが挙げられます。

（参考資料）平22国税庁質疑応答事例

> 問9 残余財産がないことの見込みが変わった場合の期限切れ欠損金額の取扱い
> （103頁）

4 更生手続開始の決定があった場合等の一定の事実

更生手続開始の決定があった場合等の一定の事実とは、次に掲げる事実をいいます（法法59①②③、法令117の3、法基通12—3—1）。

〈法的整理その他の一定の事実〉

①	更生手続開始の決定があったこと
②	再生手続開始の決定があったこと
③	特別清算開始の命令があったこと
④	破産手続開始の決定があったこと
⑤	再生計画認可の決定があったことに準ずる事実（法令24の2①）
⑥	次の事実があったこと ⅰ　上記①から⑤までに掲げる事実以外において法律の定める手続による資産の整理があったこと ⅱ　主務官庁の指示に基づき再建整備のための一連の手続を織り込んだ一定の計画を作成し、これに従って行う資産の整理があったこと ⅲ　ⅰ及びⅱ以外の資産の整理で、例えば、親子会社間において親会社が子会社に対して有する債権を単に免除するというようなものでなく、債務の免除等が多数の債権者によって協議の上決められる等その決定について恣意性がなく、かつ、その内容に合理性があると認められる資産の整理があったこと

5　確定申告書の添付書類

　上記1の規定の適用に当たっては、残余財産がないと見込まれることを説明する書類を確定申告書、修正申告書又は更正請求書に添付することとされています（法法59⑥、法規26の6三）。

　残余財産がないと見込まれることを説明する書類には、例えば、清算中に終了する各事業年度終了の時の実態貸借対照表が該当することとされ、実態貸借対照表を作成する場合の資産の価額は、その事業年度終了の時の処分価格によることとされています。ただし、解散が事業譲渡等を前提としたもので、その法人の資産が継続して他の法人の事業の用に供される見込みであるときは、その資産が使用収益されるものとしてその事業年度終了の時において譲渡される場合に通常付される価額によることとされています（法基通12—3—9）。

　なお、法人の清算が、上記3①から③の手続により行われている場合の残余財産がないと見込まれることを説明する書類については、必ずしも実態貸借対照表による必要はなく、例えば、破産手続開始決定書の写しなど、これらの手続の中で作成された書類によることができることとされています（髙橋正朗『十訂版　法人税基本通達逐

条解説』1253頁（税務研究会出版局　令和３年）。

6　設例

前提　債務超過であり残余財産がないと見込まれる株式会社（資本金２億円）が、
令和４年４月末で解散した場合

   ⅰ　繰越欠損金額…５億円

   ⅱ　青色欠損金額…４億円

   ⅲ　令和４年５月１日から令和５年４月30日までの事業年度の欠損金控除前
の所得金額…４億2,400万円

次のように青色欠損金の繰越控除及び設立当初からの欠損金の損金算入により、
所得金額はゼロとなります。また、翌事業年度に繰り越される青色欠損金につい
てもゼロとなります。

①　青色欠損金の繰越控除

次のいずれか少ない金額が青色欠損金の繰越控除額となります。

   ⅰ　青色欠損金の繰越額　４億円

   ⅱ　欠損金控除前の所得金額の50％　４億2,400万円×50％＝２億1,200万円

   ⅰ＞ⅱ　∴２億1,200万円の青色欠損金が利用可能

②　設立当初からの欠損金の損金算入

次のいずれか少ない金額が設立当初からの欠損金の損金算入額となります。

   ⅰ　繰越欠損金額から当期の青色欠損金の繰越控除額を控除した金額

     ５億円－２億1,200万円＝２億8,800万円

   ⅱ　青色欠損金の繰越控除後の所得金額

     ４億2,400万円－２億1,200万円＝２億1,200万円

   ⅰ＞ⅱ　∴２億1,200万円の設立当初からの欠損金が利用可能

なお、設立当初からの欠損金の損金算入額２億1,200万円のうち、青色欠損金
の繰越控除に利用されていない青色欠損金１億8,800万円（４億円－２億1,200
万円）が先に利用されたものとされ、残りの2,400万円について期限切れ欠損金
が利用されたものとされます。

③　その事業年度の所得金額

　欠損金控除前の所得金額４億2,400万円－青色欠損金の繰越控除額２億1,200万円－設立当初からの欠損金の損金算入額２億1,200万円＝０　∴その事業年度の所得金額０

④　翌事業年度に繰り越される青色欠損金

　青色欠損金の繰越額４億円－青色欠損金の繰越控除に利用された青色欠損金２億1,200万円－設立当初からの欠損金の損金算入に利用された青色欠損金１億8,800万円＝０　∴翌事業年度に繰り越される青色欠損金０

7　実在性のない資産がある場合の問題点

(1)　内容

　次のような貸借対照表を有する法人が仮装経理を行っており、資産80を架空計上していたとします。

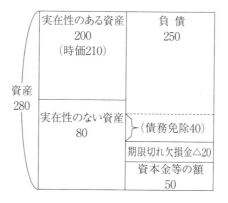

　負債250のうち210は資産の譲渡代金で弁済し、残債40の免除を受ける場合には、資産の譲渡益10（時価210－実在性のある資産の帳簿価額200）と免除益40で合計50の益金が生じ、設立当初からの欠損金を利用することとなりますが、実在性のない資産が帳簿上残されており、この仮装経理の是正（減額更正）が行われない限り、利用できる設立当初からの欠損金は、あくまで20となります。その結果、次のように所得が30生じてしまい、残余財産がないにもかかわらず、課税されてしまうという問題が懸念されます。

〈所得の計算〉

譲渡益10 ＋ 免除益40 － 設立当初からの欠損金20 ＝ 所得30

(2) 実務上の対応

　実在性のない資産の取扱いに関しては、破産、特別清算、民事再生、会社更生といった裁判所が関与する法的整理手続や、公的機関が関与又は一定の準則により独立した第三者が関与する私的整理手続（注）に従って会社の清算が行われる場合又は会社が存続して再生する場合には、次のように取り扱って差し支えないことが国税庁の質疑応答事例により明らかにされています（平22国税庁質疑応答事例問11（106頁参照））。

（注）　地域経済活性化支援機構、整理回収機構、中小企業活性化協議会等の公的機関が関与する手続や、私的整理ガイドライン、産業競争力強化法に基づく特定認証紛争解決手続により関与するものが該当します（平22国税庁質疑応答事例問10（104頁参照））。

---

(1)　**期限切れ欠損金額の損金算入の可否**

　法人が、当該事業年度末の時点の実態貸借対照表により債務超過の状態にあるときは、「残余財産がないと見込まれる」ことになるが、実在性のない資産は実態貸借対照表上ないものとして評価されることから、その評価の結果、当該実態貸借対照表上、債務超過の状態にあるときには、「残余財産がないと見込まれる」ことになり、期限切れ欠損金額を損金の額に算入することができる。

(2)　**実在性のない資産の取扱い**

　法人が解散した場合における期限切れ欠損金額の損金算入措置の適用上、実在性のない資産については、過去の帳簿書類等の調査結果に応じて、それぞれ次のとおり取り扱う。

イ　過去の帳簿書類等を調査した結果、実在性のない資産の計上根拠（発生原因）等が明らかである場合

(イ)　実在性のない資産の発生原因が更正期限内の事業年度中に生じたものである場合には、法人税法第129条第1項《更正に関する特例》の規定により、法人において当該原因に応じた修正の経理を行い、かつ、その修正の経理を行った事業年度の確定申告書を提出した後、税務当局による更正手続を経て、当該発生原因の生じた事業年度の欠損金額（その事業年度が青色申告の場合は青色欠損金額、青色申告でない場合には期限切れ欠損金額）

63

とする。

(ﾛ)　実在性のない資産の発生原因が更正期限を過ぎた事業年度中に生じたものである場合には、税務当局による更正手続はないものの、実在性のない資産は当該発生原因の生じた事業年度に計上したものであることから、法人において当該原因に応じた修正の経理を行い、その修正の経理を行った事業年度の確定申告書上で、仮に更正期限内であればその修正の経理により当該発生原因の生じた事業年度の損失が増加したであろう金額をその事業年度から繰り越された欠損金額として処理する（期首利益積立金額から減算する）ことにより、当該発生原因の生じた事業年度の欠損金額（その事業年度が青色申告であるかどうかにかかわらず期限切れ欠損金額）とする。

ロ　過去の帳簿書類等を調査した結果、実在性のない資産の計上根拠（発生原因）等が不明である場合

裁判所が関与する破産等の法的整理手続、又は、公的機関が関与若しくは一定の準則に基づき独立した第三者が関与する私的整理手続を経て、資産につき実在性のないことが確認された場合には、実在性のないことの客観性が担保されていると考えられる。このように客観性が担保されている場合に限っては、その実在性のない資産がいつの事業年度でどのような原因により発生したものか特定できないとしても、その帳簿価額に相当する金額分だけ過大となっている利益積立金額を適正な金額に修正することが適当と考えられる。

したがって、このような場合にあっては、法人において修正の経理を行い、その修正の経理を行った事業年度の確定申告書上で、その実在性のない資産の帳簿価額に相当する金額を過去の事業年度から繰り越されたものとして処理する（期首利益積立金額から減算する）ことにより、期限切れ欠損金額とする。

また、国税庁の質疑応答事例（注）において、次のように実在性のない資産が把握された場合の処理例が示されています（平22国税庁質疑応答事例問11（106頁））。

(注)　質疑応答事例に記載されている確定申告書の別表及び条文番号等については、現行法のものに差し替えています。

○　実在性のない資産が把握された場合の処理例（1）

過去の帳簿書類を調査した結果、実在性のない資産の計上根拠等が判明した場

合において、その実在性のない資産が<u>更正期限内の事業年度に原因の生じたもの</u>であるとき

《前提》

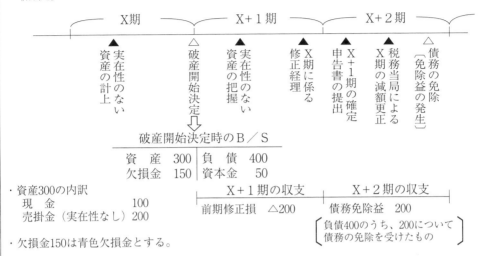

破産開始決定時のB／S

| 資　産 | 300 | 負　債 | 400 |
| 欠損金 | 150 | 資本金 | 50 |

・資産300の内訳
　現　金　　　　　　　　　　100
　売掛金（実在性なし）　　　200

| X＋1期の収支 | X＋2期の収支 |
| 前期修正損　△200 | 債務免除益　200 |

〔負債400のうち、200について
債務の免除を受けたもの〕

・欠損金150は青色欠損金とする。

※　説明の便宜上、X＋1期、X＋2期においては、記載された事項以外の益金・損金はないものとします。

　X＋1期

（会計上）
　　　前期損益修正損　200　／　売掛金　　　　　　　200
（税務上）
　　　売掛金　　　　　200　／　前期損益修正損　200
（申告調整）
　　　前期損益修正損　200（加算・留保（売掛金））

〈X＋1期の別表四の記載例（抜粋）〉

区　分		総額	処分	
			留保	社外流出
		①	②	③
当期利益又は当期欠損の額	1	△200	△200	
加算 前期損益修正損加算		200	200	
所得金額又は欠損金額	52	0	0	

〈X＋1期の別表五（一）の記載例（抜粋）〉

区　分		期首	減	増	期末
売掛金				200	200
繰越損益金（損は赤）	25	△150	△150	△350	△350
差引合計額	31	△150	△150	△150	△150

〈X＋1期の別表七（一）の記載例（抜粋）〉

事業年度	区　分		控除未済欠損金額	当期控除額	翌期繰越額
	青色欠損・連結みなし欠損・災害損失				
X期	青色欠損・連結みなし欠損・災害損失		150		150
	計		150		150
当期分	欠　損　金　額		0	欠損金の繰戻し額	
	合計				150

税務当局によるX期の減額更正

（税務上）
　　売上過大計上　　200　／　売掛金　　　200
　　青色欠損金の翌期繰越額　350

X＋2期

（会計上）
　　負　債　　　　200　／　債務免除益　　　200
（税務上）
　　青色欠損金（200）の損金算入
（申告調整）
　　欠損金の当期控除額　200（減算・流出※）

〈X＋2期の別表四の記載例（抜粋）〉

区　分		総額	処分	
			留保	社外流出
		①	②	③
当期利益又は当期欠損の額	1	200	200	
欠損金の当期控除額	44	△200		※　　△200
所得金額又は欠損金額	52	0	200	※　　△200

〈X＋2期の別表五（一）の記載例（抜粋）〉

区　分		期首	減	増	期末
繰越損益金（損は赤）	25	△350	△350	△150	△150
差引合計額	31	△350	△350	△150	△150

〈X＋2期の別表七（一）の記載例（抜粋）〉

事業年度	区　分	控除未済欠損金額	当期控除額	翌期繰越額
X期	青色欠損・連結みなし欠損・災害損失	350	200	150
	青色欠損・連結みなし欠損・災害損失			
	計	350	200	150
当期分	欠　損　金　額	0	欠損金の繰戻し額	
	合計			150

○　実在性のない資産が把握された場合の処理例（2）

　　過去の帳簿書類を調査した結果、実在性のない資産の計上根拠等が判明した場合において、その実在性のない資産が<u>更正期限を過ぎた事業年度</u>に原因の生じたものであるとき

《前提》

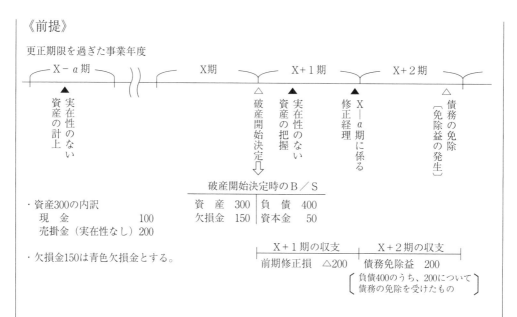

・資産300の内訳
　　現　金　　　　　　　　　100
　　売掛金（実在性なし）200

・欠損金150は青色欠損金とする。

X+1期の収支
前期修正損　△200

X+2期の収支
債務免除益　200
〔負債400のうち、200について
債務の免除を受けたもの〕

※　説明の便宜上、X+1期、X+2期においては、記載された事項以外の益金・損金はないものとします。

X+1期

（会計上）
　　前期損益修正損　　　200　／　売掛金　　　　　　200
（税務上）
　　利益積立金額　　　　200　／　売掛金　　　　　　200
　　（期限切れ欠損金　200）
（申告調整）
　　前期損益修正損　200（加算・留保（売掛金））
　　除斥期間経過分受入　△　200（五表の期首利益積立金額による受入）

〈X+1期の別表四の記載例（抜粋）〉

区　　分		総額	処分	
			留保	社外流出
		①	②	③
当期利益又は当期欠損の額	1	△200	△200	
加算　前期損益修正損加算		200	200	
所得金額又は欠損金額	52	0	0	

68

〈X+1期の別表五（一）の記載例（抜粋）〉

区　分	期首	減	増	期末
売掛金			200	200
除斥期間経過分受入 （売掛金）	△200			△200
繰越損益金（損は赤）	25	△150	△150	△350	△350
差引合計額	31	△350	△150	△150	△350

実在性のない資産の帳簿価額に相当する金額（200）を、過去の事業年度から繰り越されたものとして、別表五（一）の期首利益積立金額から減算します。

売掛金について、前期損益修正損の加算分（200）と除斥期間経過の受入分（△200）が相殺されるため、別表五（一）上、翌期（X+2期）へ繰り越す金額はありません。

〈X+1期の別表七（一）の記載例（抜粋）〉

事業年度	区　分	控除未済 欠損金額	当期控除額	翌期繰越額
	青色欠損・連結みなし欠損・災害損失			
X期	青色欠損・連結みなし欠損・災害損失	150		150
	計	150		150
当期分	欠　損　金　額	0	欠損金の 繰戻し額	
	合計			150

X+2期

（会計上）
　　負　債　　　　200　／　債務免除益　　　　200
（税務上）
　　青色欠損金（150）及び期限切れ欠損金（50）の損金算入
（申告調整）
　　欠損金の当期控除額　200（減算・流出※）

〈X＋2期の別表四の記載例（抜粋）〉

区　分		総額	処分	
			留保	社外流出
		①	②	③
当期利益又は当期欠損の額	1	200	200	
欠損金の当期控除額	44	△200		※　　△200
所得金額又は欠損金額	52	0	200	※　　△200

〈X＋2期の別表五（一）の記載例（抜粋）〉

区　分		期首	減	増	期末
繰越損益金（損は赤）	25	△350	△350	△150	△150
差引合計額	31	△350	△350	△150	△150

〈X＋2期の別表七（一）の記載例（抜粋）〉

事業年度	区　分		控除未済欠損金額	当期控除額	翌期繰越額
X期	青色欠損・連結みなし欠損・災害損失		150	150	0
	青色欠損・連結みなし欠損・災害損失				
計			150	150	0
当期分	欠　損　金　額		0	欠損金の繰戻し額	
合計					0

〈X+2期の別表七(四)の記載例(抜粋)〉

債務免除等による利益の内訳	債務の免除を受けた金額	1		所得金額差引計 (別表四「43の①」)-(別表七(一)「4の計」)	9	50
	私財提供を受けた金銭の額	2				
	私財提供を受けた金銭以外の資産の価額	3		当期控除額 ((8)と(9)のうち少ない金額)	10	50
	計 (1)+(2)+(3)	4				
欠損金額等の計算	適用年度終了の時における前期以前の事業年度又は連結事業年度から繰り越された欠損金額及び個別欠損金額	5	(注)350	調整前の欠損金の翌期繰越額 (13の計)	11	0
	適用年度終了の時における資本金等の額 (別表五(一)「36の④」) (プラスの場合は0)	6	0			
	欠損金又は災害損失金の当期控除額 (別表七(一)「4の計」)又は((別表七(二)「3」の当期分以外の計)+(別表七(二)「6」の当期分以外の計))	7	150	欠損金額からないものとする金額 ((10)と(11)のうち少ない金額)	12	0
	差引欠損金額 (5)-(6)-(7)	8	200			

(1欄から4欄までは、法人税法第59条第3項の規定の適用を受ける場合に記載し、同条第4項の規定の適用を受ける場合には記載する必要はありません。)

(注) 前事業年度以前の事業年度から繰り越された欠損金額の合計額は、当期(X+2期)の別表五(一)の期首現在利益積立金額の合計額(マイナスの金額)となります(基通12—3—2)。

※ 過去の帳簿書類等を調査した結果、実在性のない資産の計上根拠(発生原因)等が不明である場合の処理は、上記の処理例(2)と同様となります。

(3) 修正の経理

「修正の経理」とは、損益計算書の特別損益の項目において、前期損益修正損等と計上して仮装経理の結果を修正し、その修正した事実を明示することを指しているものと解されています(大阪地判平成元年6月29日)。

また、企業会計基準委員会から公表された企業会計基準第24号「会計方針の開示、

「会計上の変更及び誤謬の訂正に関する会計基準」においては、過去の誤謬の訂正は、原則として修正再表示により行われ、会社法上の計算書類において、過年度の累積的影響額を当期首の資産、負債及び純資産の額に反映するとともに、誤謬の内容等を注記することとされました。この修正再表示による処理は、当期首において過年度の収益の過大計上や費用の過少計上（資産の過大計上や負債の過少計上）の修正及びこれに伴う当期首の利益剰余金の修正の結果を表示するものであり、前期損益修正損等により経理した結果と同一の結果を表示するものであるため、当期首において前期損益修正損等による経理をしたものと同一視し得るものであることから、「修正の経理」として取り扱って差し支えないこととされています（平成23年10月20日付法人課税課情報第3号他「法人が「会計上の変更及び誤謬の訂正に関する会計基準」を適用した場合の税務処理について（情報）」）。

（参考）　清算所得課税

> 　平成22年度税制改正において清算所得課税（注）が廃止され、清算中の内国法人である普通法人又は協同組合等に対しても各事業年度の所得に対する法人税を課することとされました（法法5）。
>
> 　また、この課税方式の変更により、法人税の負担額が増加することのないよう、青色欠損金及び災害損失金並びに期限切れ欠損金を含めた全ての欠損金（設立当初からの欠損金）を利用する「設立当初からの欠損金の損金算入」を認める措置が講じられました。
>
> 　なお、所得金額については、次のとおり、改正前後で異なるところはないとされています。
>
> （注）　清算所得課税とは、残余財産の価額からその解散の時における資本金等の額と利益積立金額等との合計額を控除するといういわゆる財産法により課税標準を計算して事業税相当額を加味した税率を乗じて法人税を計算する課税制度です（平22改正法施行前の法法93①）。

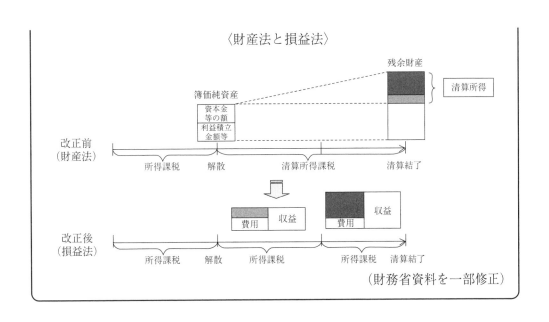

〈財産法と損益法〉

残余財産

清算所得

簿価純資産

資本金
等の額
利益積立
金額等

改正前
(財産法)

所得課税　解散　　清算所得課税　　清算結了

費用　収益

費用　収益

改正後
(損益法)

所得課税　解散　　所得課税　　所得課税　清算結了

(財務省資料を一部修正)

第3 〉 清算中における欠損金の繰戻しによる還付制度

　欠損金の繰戻しによる還付制度は、青色欠損金が生じた事業年度（欠損事業年度）の確定申告書と同時に還付請求書を提出することにより、欠損事業年度に生じた欠損金を過去1年間に終了した事業年度（還付所得事業年度）において生じた所得と相殺し、法人税の還付を受けることができる制度です（法法80①）。

　1年決算の法人を前提とすると、欠損金の繰戻しによる還付制度により還付されることとなる法人税の額は、還付所得事業年度の法人税の額に、還付所得事業年度の法人税の額の基礎となった所得のうち、欠損事業年度の欠損金が占める割合を乗じて計算した金額となります（法法80①）。

　この制度については、その事業年度終了の時において資本金の額が1億円以下である普通法人等（資本金の額が5億円以上である法人による完全支配関係がある法人等を除きます。以下、中小法人等といいます。）を除き適用停止とされています（措法66の12①）。

　ただし、清算中に終了する事業年度については、この適用停止措置から除外されているため、中小法人等でない法人においても、この制度の適用を受けることができます（措法66の12①）。

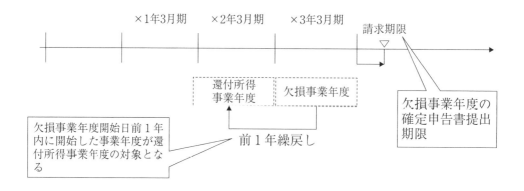

第4 残余財産確定時の確定申告書の提出期限

　清算中の内国法人につきその残余財産が確定した場合の確定申告書の提出期限は、その残余財産の確定の日の属する事業年度終了の日の翌日から1月以内（その翌日から1月以内に残余財産の最後の分配又は引渡しが行われる場合には、その行われる日の前日まで）とされています（法法74②）。

　すなわち、清算中の法人の残余財産が事業年度の中途において確定した場合には、その残余財産の確定の日をもって事業年度が終了すること（法法14①五）から、残余財産が確定した場合の確定申告書の提出期限は、残余財産の確定の日の翌日から1月を経過する日と残余財産の最後の分配又は引渡しの日の前日のいずれか早い日ということになります。

〈残余財産が確定した場合の確定申告書の提出期限〉

○　5月31日に残余財産が確定した場合（6月30日まで残余財産の最後の分配がない場合）…提出期限は6月30日

○　5月31日に残余財産が確定し、かつ、6月15日に残余財産の最後の分配が行われた場合…提出期限は6月14日

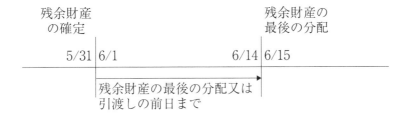

　また、会計監査人の監査を受ける場合その他一定の場合には、確定申告書の提出期

75

限を延長する特例がありますが、残余財産の確定の日の属する事業年度の確定申告書
については、その特例は適用しないこととされています（法法75の2①）。

　なお、残余財産の確定の日の属する事業年度に係る事業税及び特別法人事業税の額
は、その事業年度の損金の額に算入することとされています（法法62の5⑤）。

（参考）　残余財産が確定した場合の欠損金の引継ぎ

1　内容

　内国法人との間に完全支配関係（その内国法人による完全支配関係又は一の者
との間に当事者間の完全支配の関係がある法人相互の関係に限ります。）がある
他の内国法人でその内国法人が発行済株式等の全部若しくは一部を有するものの
残余財産が確定した場合において、当該他の内国法人のその残余財産の確定の日
の翌日前10年（注1）以内に開始した各事業年度（以下、前10年内事業年度とい
います。）において生じた未処理欠損金額（注2）があるときのその前10年内事
業年度において生じた未処理欠損金額は、それぞれその未処理欠損金額の生じた
前10年内事業年度開始の日の属するその内国法人の各事業年度（その内国法人の
残余財産の確定の日の翌日の属する事業年度開始の日以後に開始した当該他の内
国法人のその前10年内事業年度において生じた未処理欠損金額にあっては、その
事業年度の前事業年度）において生じた欠損金額とみなすこととされています
（法法57②）。

　ただし、繰越欠損金額を利用した租税回避を防止する観点から、一定の欠損金
額は、当該他の内国法人の未処理欠損金から除かれる制限措置が設けられていま
す（法法57③）。なお、当該他の内国法人とその内国法人との間に、その内国法人
の残余財産の確定の日の翌日の属する事業年度開始の日の5年前の日又は当該他
の内国法人若しくはその内国法人の設立の日のうち、最も遅い日から継続して支
配関係がある場合については、この制限措置の対象外とされています（法法57③）。
（注）1　平成30年4月1日前に開始した事業年度において生じた欠損金額については、
　　　　　9年となります（平27改正法附則27①）。本参考において同様です。
　　　2　当該他の内国法人がその欠損金額（この引継ぎの規定により当該他の内国法
　　　　　人の欠損金額とみなされたものを含み、ないものとされたものを除きます。）の

生じた前10年内事業年度について確定申告書を提出し、かつ、その後において連続して確定申告書を提出していること等の要件を満たしている場合におけるその欠損金額に限るものとし、当該他の内国法人の前10年内事業年度の所得の金額の計算上損金の額に算入されたもの及び還付を受けるべき金額の計算の基礎となったものを除きます（法法57②、法令112①）。

参考資料

平成22年度税制改正に係る法人税質疑応答事例（グループ法人税制その他の資本に関係する取引等に係る税制関係）（情報）

（平成22年10月6日付国税庁法人課税課情報第5号他）

（注）　この情報は、平成22年6月30日現在の法令・通達に基づいて作成しています。

　　　　なお、この情報で取り上げているグループ法人税制は、原則として、平成22年10月1日以後の取引について適用されます。

目次

参考資料

問1　完全支配関係を系統的に示す図

> 問　　内国法人が、100%子会社や親会社、あるいはグループ内の兄弟会社など、当該内国
> 法人との間に完全支配関係がある他の法人を有する場合には、法人税の確定申告書に当
> 該内国法人との間に完全支配関係がある法人との関係を系統的に示した図を添付する
> 必要があるとのことですが、この完全支配関係がある法人との関係を系統的に示した図
> は、どのようなものを添付すればよろしいのでしょうか。

　答　　お尋ねの完全支配関係がある法人との関係を系統的に示した図の作成に当たっては、
　　【解説】の出資関係図の作成例を参照してください。

【解説】
　　平成22年度の税制改正により、内国法人が、当該内国法人との間に完全支配関係があ
る他の法人を有する場合には、法人税の確定申告書に当該内国法人との間に完全支配関
係がある法人との関係を系統的に示した図（以下「出資関係図」といいます。）を添付す
ることとされています(注)。
　　この出資関係図には、原則として、当期末において当該内国法人との間に完全支配関
係があるすべての法人を記載することとなります。
　　なお、この出資関係図の作成に当たっては、次のページの作成例を参照してください。

（注）　連結確定申告書についても同様です。なお、仮決算による中間申告書、連結法人
　　　の個別帰属額の届出書及び清算事業年度予納申告書に関しては、添付不要です。

○ 出資関係図の作成例

(1) 出資関係を系統的に記載した図

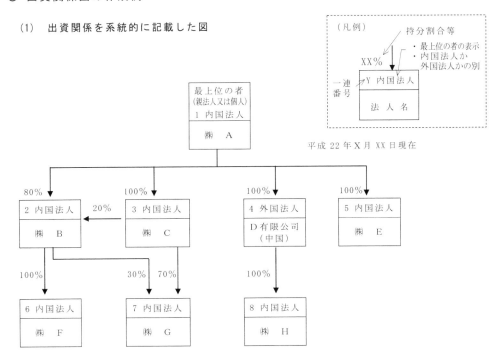

（凡例）

持分割合等
・最上位の者の表示
・内国法人か
　外国法人かの別
XX%
一連番号
Y　内国法人
法人名

平成 22 年 X 月 XX 日現在

（注） 1　原則として、グループ内の最上位の者及びその最上位の者との間に完全支配関係があるすべての法人を記載してください。
　　　 2　グループ法人が外国法人である場合には、法人名の下にその所在地国を記載してください。

(2) グループ一覧

平成 22 年 X 月 XX 日現在

一連番号	所轄税務署名	法人名	納　税　地	代表者氏名	事業種目	資本金等（千円）	決算期	備考
1	麹町	㈱ A	千代田区大手町 1-3-3	a	鉄鋼	314,158,750	3. 31	
2	仙台北	㈱ B	仙台市青葉区本町 3-3-1	b	機械修理	34,150,000	6. 30	

（注） 1　一連番号は、上記(1)の出資関係を系統的に記載した図の一連番号に合わせて付番してください。
　　　 2　最上位の者が個人である場合には、その氏名を「法人名」欄に記載してください。

参考資料

（出資関係図の作成に当たって）
1　出資関係図は、期末時点における状況に基づいて記載します。
2　出資関係図には、当該法人との間に完全支配関係があるグループ内の最上位の者（法人又は個人）を頂点として、その出資関係を系統的に記載します。
3　グループ全体の出資関係図を作成することになりますから、グループ内のすべての法人の決算期が同一の場合には、各法人の確定申告書には同一の出資関係図をそれぞれに添付することになります（決算期が異なる法人がグループ内に存している場合には、その異なる決算期末の時点の出資関係図を作成し、当該法人の確定申告書に添付することになります。）。
4　出資関係図には、出資関係を系統的に図に示すほか、グループ内の各法人の法人名、納税地、所轄税務署、代表者氏名、事業種目、資本金等の額、決算期などの項目を記載していただくことになりますが、グループ内の法人が多数である場合には、これらすべての記載項目を記入することは困難ですから、前ページの作成例のとおり、系統図とは別の様式で作成して差し支えありません。

【適用関係】
　平成 22 年 4 月 1 日以後に開始する事業年度の所得に対する法人税及び同日以後に開始する連結事業年度の連結所得に対する法人税について適用されます。

【関係法令】
　（編注：省略）

問2 　出資関係図に記載するグループ内の法人

> 問　内国法人である当社（Ｇ４）は、外国に本店を置く外国法人Ｇ１の傘下にあるグルー
> プ内の法人です。
> 　平成 22 年度の税制改正により、完全支配関係がある法人を有する場合には、問１の
> ような出資関係図を、法人税の確定申告書に添付する必要があるとのことですが、当社
> が所属するＧ１グループは、世界各地に関連会社を有しており、当社においては完全支
> 配関係がある法人がどれだけあるのか把握していません。
> 　ところで、当社のように、完全支配関係がある法人をすべて把握していない場合には、
> この出資関係図には、グループ内の法人をどの程度記載すればよろしいですか。

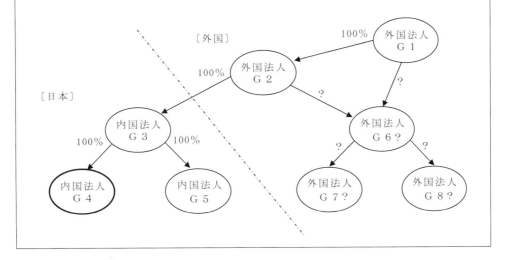

> 答　お尋ねの出資関係図には、把握できた範囲で貴社と完全支配関係があるグループ内の
> 法人を記載していただくことになります。
> 　なお、いわゆるグループ法人税制は、貴社において完全支配関係がある他の法人を把
> 握していたかどうかにかかわらず、その適用がありますので、貴社との間に取引関係や
> 出資関係がある法人については、完全支配関係があるかどうかにつき特に留意する必要
> があります。

【解説】
　1　出資関係図には、原則として、当期末において当該内国法人との間に完全支配関係
　　があるすべての法人を記載することとなります。
　　　この完全支配関係とは、①一の者が法人の発行済株式等の全部を直接若しくは間接
　　に保有する関係として政令で定める関係（以下「当事者間の完全支配の関係」といい
　　ます。）又は②一の者との間に当事者間の完全支配の関係がある法人相互の関係をいい、
　　この一の者が個人である場合には、その個人の親族など特殊の関係のある個人を含め
　　て完全支配関係があるかどうか判定することとなります。
　　　ところで、お尋ねのケースのように、グループ内の法人に外国法人が含まれている
　　場合には、その外国法人についても完全支配関係があるかどうかを判定する必要があ
　　りますが、大規模な企業グループなどにあっては、そのグループ内の法人のすべてを

把握できないことも考えられるところです。

　例えば、内国法人Ｇ４が、Ｇ４との間に完全支配関係がある法人を判定するに当たり、Ｇ１がグループ内の最上位の法人であることは承知しているものの、取引関係や出資関係が全くないＧ６、Ｇ７、Ｇ８については、同じＧ１傘下の法人でありながらそのような法人があるのかどうか、グループ内の法人に当たるかどうかを把握していないケースなどが考えられます。

　この点について、出資関係図には、原則として法人税の確定申告書を提出する法人との間に完全支配関係がある法人のすべてを記載することとなりますが、お尋ねのように、グループ内の法人のすべてを把握できない場合には、把握できた範囲で完全支配関係がある法人を記載することとなります。

　ただし、いわゆるグループ法人税制は、当該法人において、完全支配関係がある他の法人を把握していたかどうか（当該他の法人との間に完全支配関係があることを知っていたかどうか）にかかわらず、その適用があります。したがって、当該法人から見て、当該法人との間に取引関係や出資関係がある法人のうちに完全支配関係のある他の法人が含まれていないかどうか、あるいは、当該法人との間に完全支配関係がある上位の法人のうちに資本金５億円以上の大法人が含まれていないかどうかといった点に注意する必要があります。

２　また、完全支配関係を成立させている一の者が個人の場合、その個人の親族（６親等内の血族、配偶者及び３親等内の姻族）など特殊の関係のある個人が発行済株式の全部を保有している法人との間にも完全支配関係があることになり、これらの法人を含めてその全体が一つのグループとなります。例えば、次のケースでは、Ｇ１からＧ７までのすべての法人の間に完全支配関係がありますが、Ｇ１において、Ｇ１の株主である個人Ａの孫（個人Ｃ）が発行済株式の全部を保有する法人（Ｇ６及びＧ７）まで把握していないことも考えられます。このような場合であっても、Ｇ６及びＧ７はＧ１と同一のグループ内の法人としてグループ法人税制の適用があります。

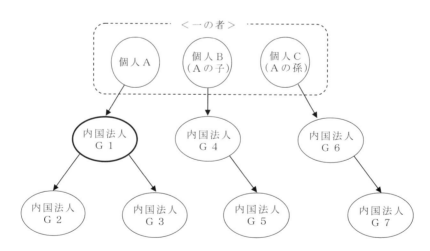

　※　矢印は、100％の持株割合を表します。

【適用関係】

　平成 22 年 4 月 1 日以後に開始する事業年度の所得に対する法人税及び同日以後に開始する連結事業年度の連結所得に対する法人税について適用されます。

【関係法令】

　（編注：省略）

参考資料

問3　株式持ち合いの場合の中小特例の適用の有無

> 問　下図のように法人間（B社、C社）で発行済株式の一部を相互に持ち合っている場合
> には、A社とB社の間、A社とC社の間及びB社とC社の間には、それぞれ完全支配関
> 係があると聞いています（グループ法人税制情報問4）。C社（資本金1億円）は、資
> 本金5億円のB社にその株式の一部を保有されていますが、この場合、C社は中小特例
> の適用がないことになりますか。
>
> 【株式の保有関係図】
>
>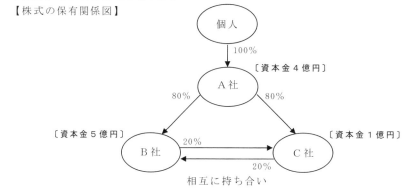

答　お尋ねの場合、C社には中小特例の適用があります。

【解説】
1　法人税法上、期末の資本金の額又は出資金の額が1億円以下の法人については、中
小企業向け特例として、①軽減税率の適用、②特定同族会社の特別税率の不適用、③
貸倒引当金の法定繰入率の選択適用、④交際費等の損金不算入制度における定額控除、
⑤欠損金の繰戻しによる還付の各特例（以下「中小特例」といいます。）が設けられて
います。
　　ただし、これらの①から⑤までの中小特例については、次に掲げる法人（以下「大
法人」といいます。）との間に当該大法人による完全支配関係がある普通法人には適
用がありません。
　イ　資本金の額又は出資金の額が5億円以上である法人
　ロ　保険業法に規定する相互会社（外国相互会社を含みます。）
　ハ　法人税法第4条の7に規定する受託法人
2　このように、大法人による完全支配関係がある普通法人につき中小特例を適用しな
いこととされている趣旨は、次のような事情があったことによるものです。
　①　大法人の100％子会社は、親会社の信用力を背景として資金調達や事業規模の拡
　　大等が可能と考えられること
　②　大法人は分社化により100％子会社を自由に設立することが可能であるため、グ
　　ループとして活動しながら単体課税による中小特例のメリットを享受することがで
　　きること
3　お尋ねは、株式の相互持ち合いにより完全支配関係があることとなる場合に、中小
特例の適用の有無をどのように判定するかということです。株式の持ち合いには様々
なケースが考えられることから一概には言えませんが、原則として、親法人が大法人
に該当するかどうかによって判定することとなります。お尋ねの出資関係にあっては

Ｂ社ではなくＡ社がＣ社の親法人となりますから、当該Ａ社が大法人に該当するかどうかによって「大法人による完全支配関係」に該当するかどうかを判定することになります。

　したがって、お尋ねの場合のＣ社にあっては、親法人であるＡ社の資本金が４億円で大法人に該当しないことから、Ａ社によるＣ社との完全支配関係は「大法人による完全支配関係」に該当せず、Ｃ社には中小特例の適用があることになります。

【関係法令】

　（編注：省略）

参考資料

問4　株式持ち合いの場合の寄附修正

> 問　内国法人との間に完全支配関係がある法人（子法人）が、法人による完全支配関係が
> ある他の法人から寄附を受け、又は寄附を行った場合には、当該内国法人（株主）にお
> いて、子会社の株式についてその帳簿価額の修正（寄附修正）を行うこととなります。
> 　ところで、次のように法人間で発行済株式を相互に持ち合っており、かつ、完全支配
> 関係がある法人のグループ内において寄附が行われた場合には、どのように帳簿価額の
> 修正を行うこととなりますか。
> （1）　G2がG3に対して寄附金の額100を支出した場合
> （2）　G1がG3に対して寄附金の額100を支出した場合

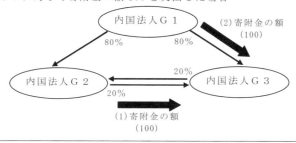

答

（1）　G2の株主であるG1及びG3において、G2株式の帳簿価額の修正を行い、G3
　　　の株主であるG1及びG2において、G3株式の帳簿価額の修正を行うこととなりま
　　　す。

（2）　G3の株主であるG1及びG2において、G3株式の帳簿価額の修正を行うことと
　　　なります。

【解説】

1　寄附修正の概要

　　グループ法人税制情報問7にあるとおり、法人が有する当該法人との間に完全支配
　関係がある法人の株式について寄附修正事由が生じた場合には、当該株式についてそ
　の帳簿価額の修正を行うこととなります。

　　お尋ねは、株式の相互持ち合いがあり、かつ、完全支配関係がある法人のグループ
　内において寄附が行われた場合に、どのように寄附修正をするのかということですが、
　この点については、相互に持ち合っている株式（持合株式）であっても、寄附修正事
　由が生ずる場合にはその持合株式の株主として、持分割合に応じて持合株式の帳簿価
　額を修正することになります。

2　G2がG3に対して寄附金の額100を支出した場合（お尋ねの(1)の場合）

　　G1及びG3との間に完全支配関係があるG2の株式について寄附修正事由が生
　じているため、G1は、G2株式について寄附金の額100に持分割合80％を乗じた金
　額80を利益積立金額から減算するとともに、同額を寄附修正事由が生じた時の直前の
　G2株式の帳簿価額から減算し、減算後の帳簿価額を株式の数で除して計算した金額
　を1株当たりの帳簿価額とします。

　　G3は、G2株式について寄附金の額100に持分割合20％を乗じた金額20を利益
　積立金額から減算するとともに、同額を寄附修正事由が生じた時の直前のG2株式の
　帳簿価額から減算し、減算後の帳簿価額を株式の数で除して計算した金額を1株当た
　りの帳簿価額とします。

また、Ｇ１及びＧ２との間に完全支配関係があるＧ３の株式について寄附修正事由が生じているため、Ｇ１は、Ｇ３株式について受贈益の額100に持分割合80％を乗じた金額80を利益積立金額に加算するとともに、同額を寄附修正事由が生じた時の直前のＧ３株式の帳簿価額に加算し、加算後の帳簿価額を株式の数で除して計算した金額を１株当たりの帳簿価額とします。

　Ｇ２は、Ｇ３株式について受贈益の額100に持分割合20％を乗じた金額20を利益積立金額に加算するとともに、同額を寄附修正事由が生じた時の直前のＧ３株式の帳簿価額に加算し、加算後の帳簿価額を株式の数で除して計算した金額を１株当たりの帳簿価額とします。

　なお、寄附修正事由が生じたことによりＧ２及びＧ３が別表五(一)に記載した金額に相当する金額が、同別表の左余白に記載された検算式と不符合となりますのでご注意ください。

【参考：別表五(一)の検算式】
　「期首現在利益積立金額合計「31」①」　＋　「別表四留保所得金額又は欠損金額「44」」
　　－　「中間分、確定分法人税県市民税の合計額」　＝　「差引翌期首現在利益積立金額合計「31」④」

＜Ｇ１の処理＞

（申告調整）
　　利益積立金額　　80　／　Ｇ２株式　　　　80
　　Ｇ３株式　　　　80　／　利益積立金額　　80

＜Ｇ１の別表五(一)の記載例（抜粋）＞

区分	期首	減	増	期末
Ｇ２株式（寄附修正）		80		△ 80
Ｇ３株式（寄附修正）			80	80
計		80	80	0

＜Ｇ２の処理＞

（申告調整）
　　Ｇ３株式　　　　20　／　利益積立金額　　20

＜Ｇ２の別表五(一)の記載例（抜粋）＞

区分	期首	減	増	期末
Ｇ３株式（寄附修正）			20	20
計			20	20

＜Ｇ３の処理＞

（申告調整）
　　利益積立金額　　20　／　Ｇ２株式　　　　20

<＜Ｇ３の別表五(一)の記載例（抜粋）＞

区分	期首	減	増	期末
Ｇ２株式（寄附修正）		20		△ 20
計		20		△ 20

3　Ｇ１がＧ３に対して寄附金の額100を支出した場合（お尋ねの(2)の場合）

　　Ｇ１及びＧ２との間に完全支配関係があるＧ３の株式について寄附修正事由が生じているため、Ｇ１は、Ｇ３株式について受贈益の額100に持分割合80％を乗じた金額80を利益積立金額に加算するとともに、同額を寄附修正事由が生じた時の直前のＧ３株式の帳簿価額に加算し、加算後の帳簿価額を株式の数で除して計算した金額を1株当たりの帳簿価額とします。

　　Ｇ２は、Ｇ３株式について受贈益の額100に持分割合20％を乗じた金額20を利益積立金額に加算するとともに、同額を寄附修正事由が生じた時の直前のＧ３株式の帳簿価額に加算し、加算後の帳簿価額を株式の数で除して計算した金額を1株当たりの帳簿価額とします。

　　なお、これにより、Ｇ１及びＧ２が別表五(一)に記載した金額に相当する金額が、同別表の左余白に記載された検算式と不符合となりますのでご注意ください。

＜Ｇ１の処理＞

（申告調整）
　　Ｇ３株式　　　　80　／　利益積立金額　　80

＜Ｇ１の別表五(一)の記載例（抜粋）＞

区分	期首	減	増	期末
Ｇ３株式（寄附修正）			80	80
計			80	80

＜Ｇ２の処理＞

（申告調整）
　　Ｇ３株式　　　　20　／　利益積立金額　　20

＜Ｇ２の別表五(一)の記載例（抜粋）＞

区分	期首	減	増	期末
Ｇ３株式（寄附修正）			20	20
計			20	20

【適用関係】

　この措置は、平成 22 年 10 月 1 日以後に寄附修正事由が生じる場合について適用することとされています。

【関係法令】

　（編注：省略）

問5　譲渡損益調整資産の譲渡原価の額

> 問　内国法人Ｇ１は、完全支配関係を有する他の内国法人Ｇ２に対して譲渡損益調整資産に該当する減価償却資産Ｘ（以下「資産Ｘ」といいます。）を事業年度の中途において譲渡しました。
> 　この譲渡した資産Ｘに係る譲渡利益額又は譲渡損失額（以下「譲渡損益額」といいます。）は「譲渡に係る対価の額」と「譲渡に係る原価の額」の差額として計算されますが、当該譲渡を行った日の属する事業年度の期首から譲渡時点までの期間分の資産Ｘに係る減価償却費相当額を会計上償却費として計上した場合、譲渡損益額の計算における「譲渡に係る原価の額」には、その減価償却費相当額は含まれないものと解してよろしいでしょうか。

答　貴社が期首から譲渡時点までの期間に係る減価償却費相当額を会計上償却費として計上した場合には、その減価償却費相当額を税務上も当該事業年度における費用の額として損金の額に算入することになりますから、譲渡損益額の計算上、その譲渡に係る原価の額に含まれません。

【解説】
1　内国法人がその有する譲渡損益調整資産をその内国法人と完全支配関係がある他の内国法人に譲渡した場合には、その譲渡損益調整資産に係る譲渡利益額又は譲渡損失額に相当する金額（以下「譲渡損益額」といいます。）は、その内国法人の所得の金額の計算上、損金の額又は益金の額に算入することとされ、その譲渡の時点において譲渡損益額を繰り延べることとなります。そして、この場合の譲渡損益額は、「譲渡に係る対価の額」と「譲渡に係る原価の額」の差額として計算することとされています。
2　ところで、お尋ねのように、譲渡損益調整資産に該当する減価償却資産が事業年度の中途で譲渡された場合において、法人が当該事業年度の期首から譲渡時点までの期間について、月次決算などにより会計上当該減価償却資産に係る償却費を計上していたときには、その譲渡損益額の計算上、その譲渡に係る原価の額から、当該償却費に相当する金額を控除することになるのかどうか疑義が生じます。
3　この点、法人が当該減価償却資産について期首から譲渡時点までの期間に係る減価償却費相当額を会計上償却費として計上した場合には、その減価償却費相当額（その金額が当該事業年度の確定した決算において費用として経理されるものに限ります。以下「期中償却額」といいます。）は税務上も当該事業年度における費用の額として損金の額に算入することになりますから、譲渡損益額の計算上、当該譲渡に係る原価の額には含まれません。
　　一方、当該減価償却資産について、期中償却額がない場合には、当該譲渡に係る原価の額は、当該減価償却資産の譲渡直前の帳簿価額となります。
4　なお、譲渡損益調整資産からは、その譲渡の直前の帳簿価額が1,000万円に満たない資産が除かれますが、この1,000万円の判定に当たっても、期中償却額がある場合には、その期中償却額を控除した後の当該資産の帳簿価額によることとなります。

【関係法令】
　　（編注：省略）

問6　残余財産が確定した場合の青色欠損金額の引継ぎ

> **問**　内国法人による完全支配関係がある法人グループ内において、未処理欠損金額を有する法人が解散し、その法人の残余財産が確定した場合には、その解散した法人と完全支配関係があり、かつ、その解散した法人の発行済株式を保有する法人は、解散した法人の未処理欠損金額の引継ぎができることとなったと聞いています。
>
> 　ところで、次のように未処理欠損金額 1,000 を有する内国法人 G 4 の残余財産が確定した場合には、その未処理欠損金額は、どのように引き継がれることとなりますか。
>
> 　なお、内国法人 G 1、G 2、G 3 及び G 4 には、残余財産確定の日よりも 5 年以上前から支配関係があり、法人税法第 57 条第 3 項による欠損金額の引継額の制限はないものとします。
>
>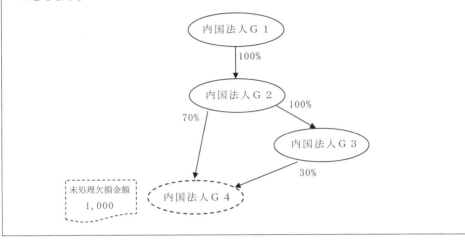

答　G 4 の未処理欠損金額 1,000 のうち 700 は G 2 が引き継ぎ、残りの 300 を G 3 が引き継ぐこととなります。

【解説】

1　残余財産が確定した場合の欠損金の引継ぎの概要

　内国法人（以下「株主等法人」といいます。）との間に完全支配関係がある他の内国法人で株主等法人が発行済株式又は出資の全部又は一部を有するものの残余財産が確定した場合において、当該他の内国法人（以下「残余財産確定法人」といいます。）のその残余財産の確定の日の翌日前 7 年以内に開始した各事業年度（以下「前 7 年内事業年度」といいます。）において生じた未処理欠損金額（前 7 年内事業年度における青色欠損金額から、当該各事業年度の所得の金額の計算上損金の額に算入されたもの及び欠損金の繰戻しによる還付を受けるべき金額の計算の基礎となった金額を除いた金額をいいます。）があるときは、株主等法人のその残余財産の確定の日の翌日の属する事業年度以後の各事業年度における青色欠損金額の繰越控除に関する規定の適用については、残余財産確定法人の前 7 年内事業年度において生じた未処理欠損金額は、それぞれその未処理欠損金額の生じた前 7 年内事業年度開始の日の属する株主等法人の各事業年度において生じた欠損金額とみなすこととされています。これは、災害損失欠損金額についても同様です。

　この場合、残余財産確定法人の株主等が 2 以上あるときには、次の算式により計算

した金額をそれぞれの株主等法人の欠損金額としてみなすこととされています。

（算　式）

$$\frac{\text{未処理欠損金額又は}\\ \text{未処理災害損失欠損金額}}{\text{残余財産確定法人の発行済株式}\\ \text{又は出資（自己株式等を除きま}\\ \text{す。）の総数又は総額}} \times \begin{array}{l}\text{株主等法人の有する残余財産確}\\ \text{定法人の株式又は出資の数又は}\\ \text{金額}\end{array}$$

　この場合の欠損金額の引継ぎは、残余財産確定法人と株主等法人との間に株主等法人による完全支配関係又は一の者との間に当事者間の完全支配の関係がある法人相互の関係がある場合に限られていますので、例えば、親会社が解散して残余財産が確定した場合において、子会社が親会社の株式の一部を保有していたとしても、親会社の未処理欠損金額は子会社には引き継がれないこととなります。

　また、残余財産確定法人の未処理欠損金額には、当該残余財産確定法人と株主等法人との間にその残余財産の確定の日の翌日の属する事業年度開始の日の5年前の日から継続して支配関係（一の者が法人の発行済株式等の50％超を直接又は間接に保有する関係として政令で定める関係（以下「当事者間の支配の関係」といいます。）又は一の者との間に当事者間の支配の関係のある法人相互の関係をいいます。）がある場合等を除き、次に掲げる欠損金額は含まないものとされています。

①　残余財産確定法人の支配関係事業年度（残余財産確定法人と株主等法人との間に最後に支配関係があることとなった日の属する事業年度をいいます。）前の各事業年度で前7年内事業年度に該当する事業年度において生じた欠損金額

②　残余財産確定法人の支配関係事業年度以後の各事業年度で前7年内事業年度に該当する事業年度において生じた欠損金額のうち法人税法第62条の7第2項《特定資産に係る譲渡等損失額の損金不算入》に規定する特定資産譲渡等損失額に相当する金額から成る部分の金額として政令で定める金額

（①及び②のいずれの欠損金額からも、残余財産確定法人において前7年内事業年度の所得の金額の計算上損金の額に算入されたもの及び欠損金の繰戻しによる還付を受けるべき金額の計算の基礎となったものを除きます。）

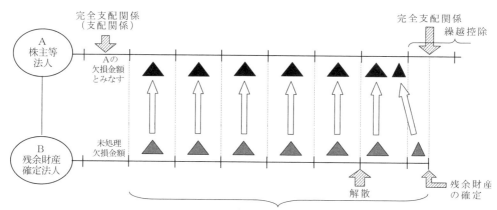

2　残余財産確定法人の株主等が2以上ある場合の欠損金額の引継ぎ（お尋ねの場合）

　　G4との間に完全支配関係がある法人のうち、G4の発行済株式を保有するG2及び
　G3は、G4の未処理欠損金額のうち、それぞれの持分割合に応じた次の金額を引き継
　ぐこととなります。
　(1)　G2　　G4の未処理欠損金額1,000のうち、G2の持分割合70%を乗じた金額700
　(2)　G3　　G4の未処理欠損金額1,000のうち、G3の持分割合30%を乗じた金額300

【適用関係】
　　この措置は、平成22年10月1日以後に解散した法人の残余財産が確定する場合に適
　用されます。

【関係法令】
　　（編注：省略）

97

問7　最後に支配関係があることとなった日の判定

> 問　Ｇ３とＧ４（いずれも３月決算法人）は、Ｇ３を合併法人、Ｇ４を被合併法人とする適格合併を行うこととなりました。
>
> 　被合併法人であるＧ４は未処理欠損金額を有していますが、適格合併により未処理欠損金額を引き継ぐ場合、合併法人と被合併法人との間の支配関係が、当該適格合併の日の属する事業年度開始の日の５年前の日から継続していないときには、①最後に支配関係があることとなった日の属する事業年度（支配関係事業年度）前に生じた欠損金額及び②支配関係事業年度以後の各事業年度において生じた欠損金額のうち特定資産譲渡等損失額から成る部分の金額は引き継ぐことができないと聞いています。
>
> 　ところで、ケース１及びケース２のいずれにおいても、Ｇ３とＧ４との間の支配関係は適格合併の日の属する事業年度開始の日の５年前の日から継続していないことから、欠損金の引継制限を受けることになります。このとき、①と②の欠損金を算定する基礎となる、「Ｇ３とＧ４との間に最後に支配関係があることとなった日」について、ケース１では、Ｇ１による支配関係が生じた平成 19 年４月１日になることに疑義はありませんが、一方のケース２では、Ｇ２による支配関係が生じた平成 21 年４月１日となるのか、あるいは、Ｇ１による支配関係が生じた平成 19 年４月１日のいずれになるのでしょうか。

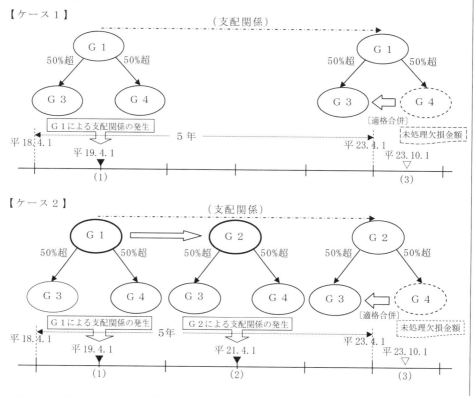

（1）　Ｇ１がＧ３及びＧ４の発行済株式の 50％超を保有したことにより支配関係が発生
（2）　Ｇ１がＧ２に対して、Ｇ１が保有するＧ３株式及びＧ４株式のすべてを一括して譲渡したことにより、Ｇ２による支配関係が発生
（3）　Ｇ３とＧ４による適格合併（※）

答　最後に支配関係があることとなった日は、平成 19 年 4 月 1 日になります。

【解説】

1　適格合併が行われた場合において、その被合併法人の当該適格合併の日前 7 年以内に開始した各事業年度（以下「前 7 年内事業年度」といいます。）において生じた未処理欠損金額（前 7 年内事業年度における青色欠損金額及び災害損失欠損金額から、当該各事業年度の所得の金額の計算上損金の額に算入されたもの及び欠損金の繰戻しによる還付を受けるべき金額の計算の基礎となった金額を除いた金額をいいます。）があるときは、その未処理欠損金額は、それぞれその未処理欠損金額の生じた前 7 年内事業年度開始の日の属する合併法人の各事業年度において生じた欠損金額とみなすこととされ、未処理欠損金額の引継ぎができることとされています。

　　ただし、合併法人と被合併法人との間の支配関係（一の者が法人の発行済株式等の 50％超を直接又は間接に保有する関係として政令で定める関係（以下「当事者間の支配の関係」といいます。）又は一の者との間に当事者間の支配の関係のある法人相互の関係をいいます。）が、当該適格合併の日の属する事業年度開始の日の 5 年前の日から継続してある場合又は当該適格合併が共同で事業を営むための合併として政令で定めるものに該当する場合のいずれにも該当しない場合には、次に掲げる欠損金額は、合併法人に引き継がれる未処理欠損金額に含まないものとされています。

①　被合併法人と合併法人との間に最後に支配関係があることとなった日の属する事業年度（以下「支配関係事業年度」といいます。）前の各事業年度で前 7 年内事業年度に該当する事業年度において生じた欠損金額

②　支配関係事業年度以後の各事業年度で前 7 年内事業年度に該当する事業年度において生じた欠損金額のうち法人税法第 62 条の 7 第 2 項《特定資産に係る譲渡等損失額の損金不算入》に規定する特定資産譲渡等損失額相当額から成る部分の金額として政令で定める金額

（①及び②のいずれの欠損金額からも、被合併法人において前 7 年内事業年度の所得の金額の計算上損金の額に算入されたもの及び欠損金の繰戻しによる還付を受けるべき金額の計算の基礎となったものを除きます。）

〔支配関係の発生時期による欠損金の引継制限〕

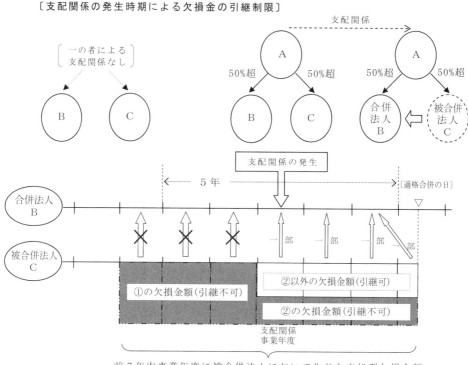

前7年内事業年度に被合併法人において生じた未処理欠損金額

2　お尋ねの場合、Ｇ３とＧ４との適格合併は、法人税法施行令第112条第３項に規定するみなし共同事業要件を満たしていないとのことであり、適格合併の日（平成23年10月１日）の属する事業年度開始の日（平成23年４月１日）の５年前の日（平成18年３月31日）から継続してＧ３とＧ４との間に支配関係がありませんから、Ｇ４の未処理欠損金額については、上記１の引継額の制限を受けることになります。

3　ところで、この場合、上記１の①及び②の欠損金額を算定する基礎となる「最後に支配関係があることとなった日」は、Ｇ１による支配関係が発生した平成19年４月１日となるのか、それともＧ２による支配関係が発生した平成21年４月１日となるのかという疑義が生じます。この点、最後に支配関係があることとなった日とは、合併法人と被合併法人との間において、適格合併の日の直前まで継続して支配関係がある場合のその支配関係があることとなった日をいい、法令の規定上、その支配関係を成立させている一の者が継続していることまで求めているものではありません。

　　そうすると、お尋ねのＧ３とＧ４との間には、Ｇ１による支配関係が発生した時から継続して支配関係がありますから、Ｇ３とＧ４との間に最後に支配関係があることとなった日は、平成19年４月１日となります。

【適用関係】

　この措置は、平成22年10月１日以後に合併が行われる場合に適用されます。

【関係法令】

（編注：省略）

参考資料

問8　期限切れ欠損金額の算定方法

> 問　平成22年度の税制改正により、解散した法人に残余財産がないと見込まれるときは、いわゆる期限切れ欠損金額を損金の額に算入することができることとなったと聞きました。
>
> 　当社は、現在、債務超過の状態にあり、今後解散する予定です。最終的には清算配当が見込まれないことから、仮に、清算中の事業年度において当社が有する青色欠損金額を超える所得の金額が生じたとしても、いわゆる期限切れ欠損金額を損金の額に算入することができるものと考えています。
>
> 　ところで、この場合の期限切れ欠損金額はどのように算定するのでしょうか。

　答　お尋ねの清算中の事業年度において損金算入の対象となる期限切れ欠損金額は、当該事業年度における法人税申告書別表五(一)の「期首現在利益積立金額①」の「差引合計額31」欄に記載されるべき金額がマイナス（△）である場合のその金額から、当該事業年度に損金の額に算入される青色欠損金額又は災害損失欠損金額を控除した金額となります。

　　ただし、損金の額に算入することができる期限切れ欠損金額は、当該事業年度の青色欠損金額等の控除後の所得の金額が限度となります。

【解説】
　　平成22年度の税制改正により、清算所得課税制度が廃止され、平成22年10月1日以後に解散する法人の清算中に終了する事業年度についても、各事業年度の所得に対する法人税が課されることとされました。また、これに併せて、法人が解散した場合において、残余財産がないと見込まれるときには、清算中に終了する事業年度（法人税法第59条第1項又は第2項の規定の適用を受ける事業年度を除きます。以下「適用年度」といいます。）前の各事業年度において生じた欠損金額（以下「期限切れ欠損金額」といいます。）に相当する金額は、青色欠損金額等の控除後の所得の金額を限度として、当該適用年度の所得の金額の計算上、損金の額に算入することとされました。

　　この期限切れ欠損金額とは、次の①に掲げる金額から②に掲げる金額を控除した金額をいいます。
①　適用年度終了の時における前事業年度以前の事業年度から繰り越された欠損金額の合計額
②　法人税法第57条第1項又は第58条第1項の規定により適用年度の所得の金額の計算上損金の額に算入される欠損金額（いわゆる青色欠損金額又は災害損失欠損金額）

　　なお、上記①の金額は、法人の決算書上の金額ではなく税務上の金額によることとなります。具体的には、当該適用年度における法人税申告書別表五(一)の「期首現在利益積立金額①」の「差引合計額31」欄に記載されるべき金額がマイナス（△）である場合のその金額（マイナス符号がないものとした金額）によるものとされています。

【適用関係】
　　この措置は、平成22年10月1日以後に解散が行われる場合の各事業年度の所得に対する法人税について適用されます。

【関係法令】
　　（編注：省略）

問9　残余財産がないことの見込みが変わった場合の期限切れ欠損金額の取扱い

> **問**　当社は、平成23年1月に解散し、清算中の事業年度である平成24年1月期において、残余財産がないと見込まれたことから、いわゆる期限切れ欠損金額を損金の額に算入して法人税の確定申告を行いました。
>
> 　その後、平成25年1月期末において再判定したところ、残余財産が生じる見込みとなりました。
>
> 　この場合、平成24年1月期における期限切れ欠損金額の損金算入をさかのぼって修正する必要があるのでしょうか。

答　お尋ねの場合には、平成24年1月期における期限切れ欠損金額の損金算入をさかのぼって修正する必要はありません。

【解説】

　期限切れ欠損金額の損金算入制度は、清算中に終了する各事業年度終了の時の現況によって「残余財産がないと見込まれる」と判定される場合にその損金算入を認めるという制度となっていることから、仮に、その後に状況が変わって当初の見込みとは異なる結果となったとしても、過去において行った期限切れ欠損金額の損金算入に影響を与えるものではありません。

　したがって、お尋ねの場合には、平成24年1月期における期限切れ欠損金額の損金算入について、さかのぼって修正する必要はありません。

【適用関係】

　この措置は、平成22年10月1日以後に解散が行われる場合における法人の各事業年度の所得に対する法人税について適用されます。

【関係法令】

　（編注：省略）

問 10　残余財産がないと見込まれることの意義

問　平成 22 年度の税制改正により、清算所得課税の制度が廃止され、これに併せて、解散した法人に「残余財産がないと見込まれるとき」には、清算中の事業年度において期限切れ欠損金の損金算入ができることとなったと聞いています。

　この期限切れ欠損金の損金算入ができる「残余財産がないと見込まれるとき」とは、解散した法人が清算中の事業年度終了の時において債務超過の状態にあるときが該当するものと理解しています。また、期限切れ欠損金を損金算入する場合には、その確定申告書に「残余財産がないと見込まれることを説明する書類」を添付する必要がありますが、例えば、法人の清算中の各事業年度終了の時の実態貸借対照表などがこれに該当するものと理解しています。

　ところで、法人の清算が、次の(1)から(3)に掲げる手続により行われている場合には、それぞれの場合が「残余財産がないと見込まれるとき」に該当し、それぞれに掲げる書面が「残余財産がないと見込まれることを説明する書類」に該当するものとして取り扱ってよろしいでしょうか。

(1)　清算型の法的整理手続である破産又は特別清算の手続開始の決定又は開始の命令がなされた場合（特別清算の開始の命令が「清算の遂行に著しい支障を来たすべき事情があること」のみを原因としてなされた場合を除きます。）

> 「破産手続開始決定書の写し」、「特別清算開始決定書の写し」

(2)　再生型の法的整理手続である民事再生又は会社更生の手続開始の決定後、清算手続が行われる場合

> 　民事再生又は会社更生の手続開始の決定後、再生計画又は更生計画の認可決定（以下「計画認可決定」といいます。）を経て事業譲渡が行われ、清算が開始している場合には、
>
> 「再生計画又は更生計画に従った清算であることを示す書面」
>
> 　計画認可決定前に事業譲渡が行われ、清算が開始している場合には、
>
> 「民事再生又は会社更生の手続開始の決定の写し」

(3)　公的機関が関与又は一定の準則に基づき独立した第三者が関与して策定された事業再生計画に基づいて清算手続が行われる場合 (注)

> 「公的機関又は独立した第三者の調査結果で会社が債務超過であることを示す書面」

　(注)1　公的機関又は独立した第三者が関与する私的整理手続において、第二会社方式による事業再生（再生会社が第二会社に事業を譲渡し、再生会社自体は清算をするスキームをいいます。）が行われる場合には、公的機関又は独立した第三者が関与した上で債務超過であることの検証がなされ、その検証結果に基づいて策定された事業再生計画に従って再生会社の清算が行われます。
　　　2　公的機関又は独立した第三者が関与する私的整理手続としては、例えば、企業再生支援機構、整理回収機構、中小企業再生支援協議会等の公的機関が関与する手続や、私的整理ガイドライン、産業活力再生特別措置法に基づく特定認証紛争解決手続により関与するものが挙げられます。

答 お尋ねのとおり、取り扱って差し支えありません。

【解説】
1 　法人が解散した場合において、残余財産がないと見込まれるときは、その清算中に終了する事業年度（法人税法第59条第1項又は第2項の適用を受ける事業年度を除きます。以下「適用年度」といいます。）前の各事業年度において生じた期限切れ欠損金額に相当する金額は、青色欠損金額等の控除後の所得の金額を限度として、当該適用年度の所得の金額の計算上、損金の額に算入することとされています。
　　この「残余財産がないと見込まれる」かどうかの判定は、この措置の適用を受けようとする適用年度終了の時の現況によることとなりますが、解散した法人が当該適用年度終了の時において債務超過の状態にあるときは、「残余財産がないと見込まれるとき」に該当することとなります。
　　また、法人がこの措置の適用を受けるためには、適用年度の確定申告書に期限切れ欠損金額の損金算入に関する明細（法人税申告書別表七（二））の記載があり、かつ、「残余財産がないと見込まれることを説明する書類」の添付が必要とされていますが、この書類には、例えば、法人の適用年度終了の時の実態貸借対照表（当該法人の有する資産及び負債の価額により作成される貸借対照表をいいます。）が該当します。
　（注）　この実態貸借対照表における資産の価額は、清算を前提としていますので、その資産の処分価額によることとされています。ただし、当該法人の解散が事業譲渡等を前提としたもので当該法人の資産が継続して他の法人の事業の用に供される見込みである場合には、その資産が使用収益されるものとして適用年度終了の時において譲渡される場合に通常付される価額によることとされています。
2 　このように、「残余財産がないと見込まれる」かどうかは、一般的には、実態貸借対照表によりその法人が債務超過の状態にあるかどうかにより確認することができますが、これに限られるものではなく、例えば、裁判所若しくは公的機関が関与する手続、又は、一定の準則により独立した第三者が関与する手続において、法人が債務超過の状態にあることなどをこれらの機関が確認している場合には、「残余財産がないと見込まれるとき」に該当するものと考えられます。また、この場合の「残余財産がないと見込まれることを説明する書類」は、必ずしも実態貸借対照表による必要はなく、これらの手続の中で作成された書類によることができます。

【適用関係】
　この措置は、平成22年10月1日以後に解散が行われる場合の各事業年度の所得に対する法人税について適用されます。

【関係法令】
　（編注：省略）

【参考】
　倒産・事業再生分野の専門的な研究団体である事業再生研究機構において、「平成22年度税制改正後の清算中の法人税申告における実務上の取扱いについて」（平成22年7月）が取りまとめられ、公表されています。

問11　実在性のない資産の取扱い

問　私は、甲社の破産管財人を務めている弁護士ですが、甲社の財産調査の結果、甲社には、貸借対照表上資産として計上されているものの実際には存在しない資産（以下「実在性のない資産」といいます。）があることが判明しました。

　甲社の解散の日以後の事業年度に係る法人税の申告に際して、この実在性のない資産については、次のとおり取り扱ってよろしいでしょうか。

　また、実在性のない資産の取扱いに関しては、破産以外にも、特別清算や民事再生又は会社更生といった裁判所が関与する法的整理手続や、公的機関が関与又は一定の準則により独立した第三者が関与する私的整理手続に従って清算が行われる場合についても、同様に取り扱ってよろしいでしょうか。

(1)　期限切れ欠損金額の損金算入の可否

　　法人が、当該事業年度末の時点の実態貸借対照表により債務超過の状態にあるときは、「残余財産がないと見込まれる」ことになるが、実在性のない資産は実態貸借対照表上ないものとして評価されることから、その評価の結果、当該実態貸借対照表上、債務超過の状態にあるときには、「残余財産がないと見込まれる」ことになり、期限切れ欠損金額を損金の額に算入することができる。

(2)　実在性のない資産の取扱い

　　法人が解散した場合における期限切れ欠損金額の損金算入措置の適用上、実在性のない資産については、過去の帳簿書類等の調査結果に応じて、それぞれ次のとおり取り扱う。

　イ　過去の帳簿書類等を調査した結果、実在性のない資産の計上根拠（発生原因）等が明らかである場合

　　(イ)　実在性のない資産の発生原因が更正期限内の事業年度中に生じたものである場合には、法人税法第129条第1項《更正に関する特例》の規定により、法人において当該原因に応じた修正の経理を行い、かつ、その修正の経理を行った事業年度の確定申告書を提出した後、税務当局による更正手続を経て、当該発生原因の生じた事業年度の欠損金額（その事業年度が青色申告の場合は青色欠損金額、青色申告でない場合には期限切れ欠損金額）とする。

　　(ロ)　実在性のない資産の発生原因が更正期限を過ぎた事業年度中に生じたものである場合には、税務当局による更正手続はないものの、実在性のない資産は当該発生原因の生じた事業年度に計上したものであることから、法人において当該原因に応じた修正の経理を行い、その修正の経理を行った事業年度の確定申告書上で、仮に更正期限内であればその修正の経理により当該発生原因の生じた事業年度の損失が増加したであろう金額をその事業年度から繰り越された欠損金額として処理する（期首利益積立金額から減算する）ことにより、当該発生原因の生じた事業年度の欠損金額（その事業年度が青色申告であるかどうかにかかわらず期限切れ欠損金額）とする。

　ロ　過去の帳簿書類等を調査した結果、実在性のない資産の計上根拠（発生原因）等が不明である場合

　　裁判所が関与する破産等の法的整理手続、又は、公的機関が関与若しくは一定の準則に基づき独立した第三者が関与する私的整理手続を経て、資産につき実在性のないことが確認された場合には、実在性のないことの客観性が担保されていると考

えられる。このように客観性が担保されている場合に限っては、その実在性のない資産がいつの事業年度でどのような原因により発生したものか特定できないとしても、その帳簿価額に相当する金額分だけ過大となっている利益積立金額を適正な金額に修正することが適当と考えられる。

したがって、このような場合にあっては、法人において修正の経理を行い、その修正の経理を行った事業年度の確定申告書上で、その実在性のない資産の帳簿価額に相当する金額を過去の事業年度から繰り越されたものとして処理する（期首利益積立金額から減算する）ことにより、期限切れ欠損金額とする。

答　お尋ねのとおり、取り扱って差し支えありません。

【解説】

1　裁判所若しくは公的機関が関与する手続、又は、一定の準則により独立した第三者が関与する手続に従って清算が行われる次の①から③のような場合には、管財人等の独立した第三者が財産調査をする中で、実在性のない資産が把握されることがあります。

このような実在性のない資産が把握された場合に、税務上、期限切れ欠損金額の損金算入措置の適用はどうなるのか、また、実在性のない資産はどのように取り扱われるのかという点については、お尋ねのとおり取り扱って差し支えないものと考えられます。

①　清算型の法的整理手続である破産又は特別清算の手続開始の決定又は開始の命令がなされた場合（特別清算の開始の命令が「清算の遂行に著しい支障を来たすべき事情があること」のみを原因としてなされた場合を除きます。）

②　再生型の法的整理手続である民事再生又は会社更生の手続開始の決定後、清算手続が行われる場合

③　公的機関が関与し、又は、一定の準則に基づき独立した第二者が関与して策定された事業再生計画に基づいて清算手続が行われる場合

実在性のない資産が把握された場合の具体的な処理例については、次ページ以下の「実在性のない資産が把握された場合の処理例(1)(2)」を参照してください。

2　なお、お尋ねの内容は、一定の法的整理手続又は私的整理手続に従って清算が行われる場合における実在性のない資産の取扱いですが、民事再生や会社更生の手続に従って会社が存続して再生をする場合や、公的機関が関与又は一定の準則に基づき独立した第三者が関与して策定された事業再生計画に従って会社が存続して再生する場合においても、お尋ねの内容と同様に実在性のないことの客観性が担保されていると認められるときには、これと同様の取扱いとすることが適当と考えられます。

参考資料

○　実在性のない資産が把握された場合の処理例（１）
　　過去の帳簿書類を調査した結果、実在性のない資産の計上根拠等が判明した場合において、その実在性のない資産が<u>更正期限内の事業年度</u>に原因の生じたものであるとき

《前提》

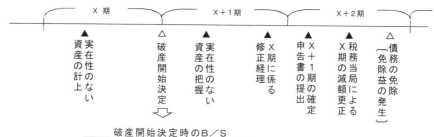

破産開始決定時のB／S

| 資　産 | 300 | 負　債 | 400 |
| 欠損金 | 150 | 資本金 | 50 |

・資産３００の内訳
　現　金　　　　　　　　　１００
　売掛金（実在性なし）　　２００

| X＋１期の収支 | X＋２期の収支 |
| 前期修正損△200 | 債務免除益　　200
（負債400のうち、200について
債務の免除を受けたもの） |

・欠損金１５０は青色欠損金とする。

　※　説明の便宜上、Ｘ＋１期、Ｘ＋２期においては、記載された事項以外の益金・損金は無いものとします。

Ｘ＋１期

```
（会計上）
　　前期損益修正損 200　／　売掛金　　　　　　　200
（税務上）
　　売掛金　　　　　200　／　前期損益修正損 200
（申告調整）
　　前期損益修正損 200（加算・留保（売掛金））
```

＜Ｘ＋１期の別表四の記載例（抜粋）＞

| 区分 | | 総額 | 処分 | |
| | | | 留保 | 社外流出 |
		①	②	③
当期利益又は当期欠損の額	1	△200	△200	
加算　前期損益修正損加算		200	200	
所得金額又は欠損金額	44	0	0	

108

＜Ｘ＋１期の別表五（一）の記載例（抜粋）＞

区分		期首	減	増	期末
売掛金				200	200
繰越損益金（損は赤）	26	△ 150	△ 150	△ 350	△ 350
差引合計額	31	△ 150	△ 150	△ 150	△ 150

＜Ｘ＋１期の別表七（一）の記載例（抜粋）＞

事業年度	区分	控除未済欠損金額	当期控除額	翌期繰越額
	青色欠損・連結みなし欠損・災害損失			
Ｘ期	青色欠損・連結みなし欠損・災害損失	150		150
	計	150		150
当期分 欠 損 金 額		0	欠損金の繰戻し額	
	合 計			150

税務当局によるＸ期の減額更正

（税務上）
売上過大計上　　　200　／　売掛金　　　　200
青色欠損金の翌期繰越額　　350

Ｘ＋２期

（会計上）
負　債　　　　　200　／　債務免除益　　　200
（税務上）
青色欠損金(200)の損金算入
（申告調整）
欠損金の当期控除額　200（減算・流出※）

＜Ｘ＋２期の別表四の記載例（抜粋）＞

区分		総額	処分		
			留保	社外流出	
		①	②	③	
当期利益又は当期欠損の額	1	200	200		
欠損金の当期控除額	42	△ 200		※	△ 200
所得金額又は欠損金額	44	0	200	※	△ 200

参考資料

＜Ｘ＋２期の別表五（一）の記載例（抜粋）＞

区分		期首	減	増	期末
繰越損益金（損は赤）	26	△ 350	△ 350	△ 150	△ 150
差引合計額	31	△ 350	△ 350	△ 150	△ 150

＜Ｘ＋２期の別表七（一）の記載例（抜粋）＞

事業年度	区分	控除未済欠損金額	当期控除額	翌期繰越額
Ｘ期	青色欠損・連結みなし欠損・災害損失	350	200	150
	青色欠損・連結みなし欠損・災害損失			
	計	350	200	150
当期分 欠 損 金 額		0	欠損金の繰戻し額	
	合 計			150

○ 実在性のない資産が把握された場合の処理例（２）
　　過去の帳簿書類を調査した結果、実在性のない資産の計上根拠等が判明した場合において、その実在性のない資産が<u>更正期限を過ぎた事業年度</u>に原因の生じたものであるとき

《前提》

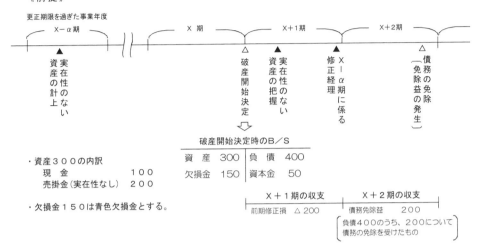

・資産３００の内訳
　　現　金　　　　　　　１００
　　売掛金（実在性なし）２００

・欠損金１５０は青色欠損金とする。

破産開始決定時のB／S

| 資　産 | 300 | 負　債 | 400 |
| 欠損金 | 150 | 資本金 | 50 |

X＋１期の収支	X＋２期の収支
前期修正損　△200	債務免除益　　　200
	負債400のうち、200について 債務の免除を受けたもの

※　説明の便宜上、X＋１期、X＋２期においては、記載された事項以外の益金・損金は無いものとします。

X＋１期

（会計上）
　　前期損益修正損 200　／　売掛金　　　　200
（税務上）
　　利益積立金額　　200　／　売掛金　　　　200
　　（期限切れ欠損金 200 ）
（申告調整）
　　前期損益修正損 200（加算・留保（売掛金））
　　除斥期間経過分受入　△ 200（五表の期首利益積立金額による受入）

＜X＋１期の別表四の記載例（抜粋）＞

区分		総額	処分	
			留保	社外流出
		①	②	③
当期利益又は当期欠損の額	1	△200	△200	
加算　前期損益修正損加算		200	200	
所得金額又は欠損金額	44	0	0	

＜Ｘ＋１期の別表五（一）の記載例（抜粋）＞

区分		期首	減	増	期末
売掛金				200	200
除斥期間経過分受入（売掛金）		△ 200			△ 200
繰越損益金（損は赤）	26	△ 150	△ 150	△ 350	△ 350
差引合計額	31	△ 350	△ 150	△ 150	△ 350

実在性のない資産の帳簿価額に相当する金額（200）を、過去の事業年度から繰り越されたものとして、別表五（一）の期首利益積立金額から減算します。

売掛金について、前期損益修正損の加算分（200）と除斥期間経過の受入分（△200）が相殺されるため、別表五（一）上、翌期（Ｘ＋２期）へ繰り越す金額はありません。

＜Ｘ＋１期の別表七（一）の記載例（抜粋）＞

事業年度	区分	控除未済欠損金額	当期控除額	翌期繰越額
	青色欠損・連結みなし欠損・災害損失			
Ｘ期	青色欠損・連結みなし欠損・災害損失	150		150
	計	150		150
当期分 欠 損 金 額		0	欠損金の繰戻し額	
	合計			150

Ｘ＋２期

（会計上）
　　負　債　　　　　　200　／　債務免除益　　　　　200
（税務上）
　　青色欠損金(150)及び期限切れ欠損金(50)の損金算入
（申告調整）
　　欠損金の当期控除額 200（減算・流出※）

＜Ｘ＋２期の別表四の記載例（抜粋）＞

区分		総額	処分	
			留保	社外流出
		①	②	③
当期利益又は当期欠損の額	1	200	200	
欠損金の当期控除額	42	△ 200		※ △ 200
所得金額又は欠損金額	44	0	200	※ △ 200

＜Ｘ＋２期の別表五（一）の記載例（抜粋）＞

区分		期首	減	増	期末
繰越損益金（損は赤）	26	△ 350	△ 350	△ 150	△ 150
差引合計額	31	△ 350	△ 350	△ 150	△ 150

＜Ｘ＋２期の別表七（一）の記載例（抜粋）＞

事業年度	区分	控除未済欠損金額	当期控除額	翌期繰越額
Ｘ期	青色欠損・連結みなし欠損・災害損失	150	150	0
	青色欠損・連結みなし欠損・災害損失			
	計	150	150	0
当期分 欠損金額		0	欠損金の繰戻し額	
	合計			0

＜Ｘ＋２期の別表七（二）の記載例（抜粋）＞

Ⅲ　解散の場合の欠損金の損金算入に関する明細書

債務免除による利益の内訳	債務の免除を受けた金額	23		欠損金額の計算	適用年度終了の時における前事業年度以前の事業年度から繰り越された欠損金額	27	（注）	350
	私財提供を受けた金銭の額	24			欠損金又は災害損失金の当期控除額（別表七（一）「2の計」）	28		150
	私財提供を受けた金銭以外の資産の価額	25			差引欠損金額 (27)－(28)	29		200
	計 (23)＋(24)＋(25)	26			所得金額（別表四「41の①」）－(28)	30		50
					当期控除額 (26)―(29)と(30)のうち少ない金額	31		50

（23欄から26欄までは、法人税法第59条第2項の規定の適用を受ける場合に記載し、同条第3項の規定の適用を受ける場合には記載する必要はありません。）

（注）　前事業年度以前の事業年度から繰り越された欠損金額の合計額は、当期（Ｘ＋２期）の別表五（一）の期首現在利益積立金額の合計額（マイナスの金額）となります（基通12－3－2）。

※　過去の帳簿書類等を調査した結果、実在性のない資産の計上根拠（発生原因）等が不明である場合の処理は、上記の処理例（2）と同様となります。

【関係法令】
（編注：省略）

【参考】
倒産・事業再生分野の専門的な研究団体である事業再生研究機構において、「平成22年度税制改正後の清算中の法人税申告における実務上の取扱いについて」（平成22年7月）が取りまとめられ、公表されています。

参考資料

問12　適格現物分配を行ったときのみなし配当の計算方法

問　内国法人Ｇ２（普通法人）は、この度、株主である内国法人Ｇ３（普通法人）から自己株式（Ｇ２株式）の取得を行うに当たり、Ｇ３に対して、その自己株式の取得の対価として、Ｇ２の有する資産（土地）を交付（現物分配）することとしました。

　　Ｇ２とＧ３との間には、完全支配関係（Ｇ２とＧ３のそれぞれが、Ｇ１との間に当事者間の完全支配の関係がある法人相互の関係）があることから、当該現物分配は適格現物分配に該当します。

　　この場合の現物分配法人Ｇ２と被現物分配法人Ｇ３の税務上の処理はどのようになりますか。

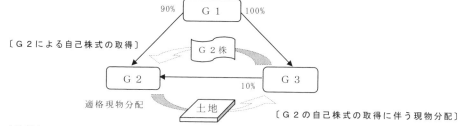

《前提》

イ　Ｇ２の自己株式取得直前のＢ／Ｓは次のとおりです。

〔Ｇ２の自己株式取得直前のＢ／Ｓ〕

資産	負債	500
2,000	資本	600
	利益積立金額	900

ロ　Ｇ２は、発行済株式10株のうち、1株をＧ３から取得する。

ハ　Ｇ２がＧ３に交付する土地の帳簿価額は、100とします（時価150）。

ニ　Ｇ３が保有するＧ２株式の帳簿価額は、150（1株）とします。

ホ　Ｇ２は、種類株式を発行していません。

答

〔現物分配法人Ｇ２の処理〕

　　Ｇ２が、自己株式の取得に伴い土地を分配し、その現物分配が適格現物分配に該当する場合の税務上の処理は、次の仕訳のとおりです。

```
資本金等の額    60 ／ 土地    100
利益積立金額    40 ／
（みなし配当）
```

なお、適格現物分配により生じるみなし配当相当額については、源泉徴収は不要です。

〔被現物分配法人Ｇ３の処理〕

　　Ｇ３が、グループ内法人の自己株式（Ｇ２株式）の譲渡に伴い、その対価として資産（土地）の分配を受け、その現物分配が適格現物分配に該当する場合の税務上の処理は、次の仕訳のとおりです。

114

$$\left[\begin{array}{llll}
\text{土地} & 100 & / \text{ G2株式} & 150 \\
\text{資本金等の額} & 90 & / \text{ みなし配当} & 40 \\
& & \quad \text{（利益積立金額）} & \\
\text{適格現物分配に係る} & 40 & / \text{ その他流出} & 40 \\
\text{受取配当の益金不算入} & & &
\end{array}\right]$$

【解説】

〔現物分配法人G2の処理〕

1　適格現物分配により移転した資産の譲渡（法62の5③）

　　内国法人（現物分配法人）が適格現物分配により被現物分配法人にその有する資産の移転をしたときは、その適格現物分配の直前の帳簿価額による譲渡をしたものとされ、その資産の譲渡に係る譲渡損益は計上されません。

　　したがって、G2において、資産（土地）を現物分配したことによる当該土地の譲渡損益は計上されません。

2　現物分配法人の資本の部（法令8①十七、9①十二）

　　現物分配法人が自己株式の取得を行った場合には、次の算式により計算した金額（注）を資本金等の額から減算することとなります。

　（注）　当該金額が自己株式の取得により交付した金銭及び金銭以外の資産の価額（適格現物分配に係る資産にあっては、その交付直前の帳簿価額）の合計額を超える場合には、その超える部分を減算した金額となります。

··（算　　式：G2が一の種類の株式の発行法人である場合）·········

$$\frac{\text{G2の自己株式の取得等}}{\text{自己株式の取得等の直前}} \times \frac{\text{の直前の資本金等の額}}{\text{の発行済株式の総数}} \quad \times \quad \frac{\text{自己株式の取得等に係る}}{\text{株式の数}}$$

　　お尋ねの場合には、前提イ、ロにより、資本金等の額から減算する金額（以下「取得資本金額」といいます。）は、60となります。

$$\left[\ 60\ =\ \text{直前の資本金等の額（600）}\ /\ \text{発行済株式総数（10）}\ \times\ \text{取得株式数（1）}\ \right]$$

　　また、自己株式の取得により交付した資産の価額の合計額（適格現物分配に係る資産にあっては、その交付直前の帳簿価額）が、取得資本金額を超える場合のその超える部分の金額は、G2の利益積立金額から減算することとなります（この利益積立金額から減算する金額がみなし配当の金額となります。）。

　　お尋ねの場合には、G2は適格現物分配により土地を交付していますので、下記の計算のとおり、利益積立金額から減算する金額（みなし配当の金額）は、40となります。

$$\left[\ 40\ =\ \text{交付資産（土地）の帳簿価額（100）}\ -\ \text{取得資本金額（60）}\ \right]$$

3　みなし配当の額に対する源泉徴収（所法24①）

　　みなし配当が適格現物分配による場合には、所得税法に規定する「配当等」から除かれていますので、お尋ねの場合に上記2より計算されたみなし配当については、源泉徴収の必要はありません。

4　現物分配法人の処理（申告調整）

　　G2において、土地の帳簿価額に相当する金額を、自己株式（G2株式）の取得価額として会計処理していた場合の申告調整は次のとおりです。

```
（会計上）
    自己株式        100   ／   土地          100
    （G2株式）

（税務上）
    資本金等の額     60   ／   土地          100
    利益積立金額     40   ／

（申告調整）
    資本金等の額     60   ／   自己株式       100
    利益積立金額     40   ／  （G2株式）
```

　イ　別表四
　　　記載なし

　ロ　別表五（一）
　　　＜G2の別表五（一）の記載例（抜粋）＞
　　Ⅰ　利益積立金額の計算に関する明細書

区分	期首	減	増	期末
自己株式		40		△ 40
計		40		△ 40

　　Ⅱ　資本金等の額の計算に関する明細書

区分	期首	減	増	期末
自己株式		60		△ 60
計		60		△ 60

〔被現物分配法人G3の処理〕

1　適格現物分配により交付を受けた資産に係る損益（法62の5④）

　　内国法人（被現物分配法人）が適格現物分配により資産の移転を受けたことにより生ずる収益の額は、その内国法人の各事業年度の所得の金額の計算上、益金の額に算入しないこととされていますので、G3が、G2から交付を受けた土地に係る収益の額については、益金の額に算入されません。

2 みなし配当の額に相当する金額の取扱い（法令9①四）

　適格現物分配が、自己株式の取得など法人税法第24条第1項第3号から第6号まで
に掲げる事由に係るものである場合には、被現物分配法人（G3）は、現物分配法人
から交付を受けた資産（土地）の当該適格現物分配の直前の帳簿価額相当額（100）か
ら、当該現物分配法人の資本金等の額（600）のうちその交付の基因となった現物分配
法人（G2）の株式に対応する部分の金額（60：取得資本金額）を除いた金額（40）
を利益積立金額に加算することとされています。

　つまり、適格現物分配の場合には、現物分配法人の自己株式取得に伴い生ずるみな
し配当の額に相当する金額について、①その金額の計算は、交付を受けた資産の（時
価ではなく）適格現物分配の直前の帳簿価額に基づき行うこと、②そのみなし配当の
額は、被現物分配法人において益金の額に算入されないことから、利益積立金額の増
加額として処理することとなります。

　お尋ねの場合には、前提ハ及び〔現物分配法人G2の処理〕2により、利益積立金
額に加算する金額は、40となります。

$$40 \ = \ 交付資産（土地）の適格現物分配直前の帳簿価額（100）- \ 取得資本金額（60）$$

3 現物分配法人株式（G2株式）の譲渡損益（法61の2⑯、法令8①十九、123の6①）

　内国法人（G3）が、所有株式を発行した他の内国法人（完全支配関係があるもの
に限ります。）から、みなし配当事由（法24①各号に掲げる一定の事由をいいます。）
により金銭その他の資産の交付を受けた場合には、その所有株式について帳簿価額に
よる譲渡があったものとされ、当該内国法人（G3）において、その譲渡損益は計上
されません。

　また、この場合の譲渡損益に相当する金額（次の算式により計算される金額をいい
ます。）は、当該内国法人（G3）の資本金等の額から加減算することとなります。

┈（算 式）┈┈┈┈┈┈┈┈┈┈┈┈┈┈┈┈┈┈┈┈┈┈┈┈┈┈┈┈┈┈┈┈┈┈┈┈

| みなし配当事由による そのみなし配当の金額 | ＋ | 法61の2⑯の規定により、譲渡対価の額とみなされる金額（株式の帳簿価額） | － | 交付を受けた金銭又は資産の価額の合計額（適格現物分配に係る資産にあっては、現物分配法人におけるその資産の帳簿価額） |

　お尋ねの場合には、G3が完全支配関係のあるG2から、みなし配当事由（G2に
おける自己株式の取得）により、資産（土地）の交付を受けていますので、G3がG
2に対して譲渡したG2株式については、その帳簿価額による譲渡があったものとさ
れ、譲渡損益は計上されません。

　また、この場合、資本金等の額から減算することとなるG2株式の譲渡損益に相当
する金額（90）は、①〔現物分配法人G2の処理〕2により計算されたみなし配当の
金額（40）に、②前提ニにより、G3においてG2株式の譲渡対価の額とみなされる
G2株式の帳簿価額（150）を加算し、③G2から交付を受けた資産（土地）の帳簿価
額（100）を減算して計算することとなります。

$$90 \ = \ みなし配当の金額（40）+ みなし譲渡対価（150）\\ - 交付を受けた資産の帳簿価額（100）$$

参考資料

4　被現物分配法人の処理（申告調整）

　G3において、土地の取得価額をG2における当該土地の帳簿価額に相当する金額100として会計処理していた場合の申告調整は次のとおりです。

　なお、会計上、みなし配当の額を収益の額として計上していない場合には、法人税申告書別表四において、みなし配当の額を収益の額として計上（加算留保）し、その同額を適格現物分配に係る受取配当の益金不算入（減算流出）として、申告調整を行います。

```
（会計上）
　　土地　　　　　　100　／　G2株式　　　150
　　譲渡損　　　　　 50　／

（税務上）
　　土地　　　　　　100　／　G2株式　　　150
　　資本金等の額　　 90　／　みなし配当　　 40
　　　　　　　　　　　　　　　（利益積立金額）
　　適格現物分配に係る 40　／　その他流出　　 40
　　受取配当の益金不算入

（申告調整）
　　資本金等の額　　 90　／　譲渡損　　　　 50
　　　　　　　　　　　　　　／　みなし配当　　 40
　　　　　　　　　　　　　　　（利益積立金額）
　　適格現物分配に係る 40　／　その他流出　　 40
　　受取配当の益金不算入
```

イ　別表四

＜G3の別表四の記載例（抜粋）＞

区分		総額 ①	処分	
			留保 ②	社外流出 ③
加算	G2株式譲渡損		50	50	
	受取配当		40	40	
	小計	13	90	90	0
減算	適格現物分配に係る益金不算入額	19	40		※ 40
	小計	25	40	0	※ 40
所得金額又は欠損金額		44	50	90	△ 40

ロ　別表五（一）

＜G3の別表五（一）の記載例（抜粋）＞

I　利益積立金額の計算に関する明細書

区分	期首	減	増	期末
G2株式（株式譲渡損）			50	50
G2株式（みなし配当）			40	40
計			90	90

118

Ⅱ　資本金等の額の計算に関する明細書

区分	期首	減	増	期末
G 2 株式（株式譲渡損）		90		△ 90
計		90		△ 90

＜参考＞
　適格現物分配により交付する資産が被現物分配法人の自己株式である場合の処理

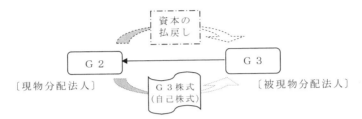

1　現物分配法人におけるみなし配当の額の計算
　　適格現物分配を行う場合のみなし配当の額の計算については、〔現物分配法人G
2 の処理〕2のとおり、現物分配法人が適格現物分配により交付する資産の当該適
格現物分配の直前の帳簿価額に基づいて計算することとなりますが、この点は、適
格現物分配により交付する資産が被現物分配法人の自己株式である場合であっても
同様ですので、この場合のみなし配当の額の計算は、G 2 における G 3 株式の当該
適格現物分配の直前の帳簿価額に基づいて行うこととなります。

2　被現物分配法人の資本金等の額（法令8①十八ロ）
　　適格現物分配により、被現物分配法人が移転を受ける資産が自己株式（G 3 株式）
である場合には、現物分配法人における当該適格現物分配の直前の帳簿価額に相当
する金額を、被現物分配法人の資本金等の額から減額することとなります。

【適用関係】
　　この措置は、平成 22 年 10 月 1 日以後に行われる現物分配（残余財産の分配にあって
は、同日以後の解散によるものに限ります。）に適用されることとなります。

【関係法令】

　　（編注：省略）

119

問 13　残余財産の分配が金銭と金銭以外の資産の両方で行われる場合のみなし配当の計算

> 問　内国法人Ｇ１（普通法人）の 100％子会社である内国法人Ｇ２（普通法人）は、平成
> 22 年 10 月に解散し、清算手続を経て残余財産が確定したため、Ｇ１に対して、平成 23
> 年 10 月１日にその残余財産の分配を行うことになりました。
>
> 　Ｇ１に対する残余財産の分配は、金銭とともに金銭以外の資産（土地）も併せて行う
> 予定です。
>
> 　この場合、Ｇ２がＧ１に対して行う残余財産の分配のうち金銭以外の資産（土地）の
> 分配は、適格現物分配となりますか。また、この残余財産の分配に係るＧ１及びＧ２の
> 税務上の処理について教えてください。
>
>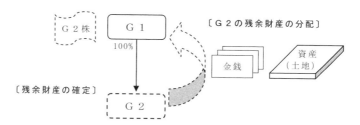
>
> 《前提》
>
> 　イ　Ｇ２の残余財産確定の直前のＢ／Ｓは次のとおりです。
>
> 　　〔Ｇ２の残余財産確定の直前のＢ／Ｓ〕
>
> | 資産 1,500 | 資本 1,000 |
> |---|---|
> | （残余財産） | 利益積立金額 500 |
>
> 　ロ　残余財産 1,500 の内訳は、現金 300、土地 1,200（時価 1,700）とします。
>
> 　ハ　Ｇ１が保有するＧ２株式の帳簿価額は、1,000 とします。
>
> 　ニ　Ｇ２の残余財産の分配に係るみなし配当の計算における「資本金等の額のうち交付
> 　　の基因となった株式に対応する金額」は、1,000 とします。
>
> 　ホ　Ｇ２株式は、法人税法第 23 条第５項の完全子法人株式等に該当するものとします。
>
> 　ヘ　説明の便宜上、最後事業年度の事業税の額は、考慮しないものとします。

　答　お尋ねの残余財産の分配のうち金銭以外の資産（土地）の分配は、適格現物分配に該
　　当します。

〔現物分配法人Ｇ２の処理〕

　　Ｇ２が、金銭と金銭以外の資産（土地）による残余財産の分配を行ったときの税務
　上の処理は、次の仕訳のとおりです。

> | 資本金等の額 | 1,000 | ／ | 残余財産 | 1,500 |
> |---|---|---|---|---|
> | 利益積立金額 | 500 | ／ | | |
> | （みなし配当） | | | | |

　　みなし配当の額は、金銭の交付に係るものが 100、現物分配に係るものが 400 とな

ります。なお、適格現物分配により生じたみなし配当の額400に対する源泉徴収は行う必要がありませんので、金銭の交付に係るみなし配当の額100に対してのみ源泉徴収（20）を行います。

〔被現物分配法人Ｇ１の処理〕
　Ｇ１が、Ｇ２の残余財産の分配により、金銭の分配及び金銭以外の資産（土地）の分配を受けたときの税務上の処理は、次の仕訳のとおりです。

土地	1,200 /	Ｇ２株式	1,000	
現金	280 /	受取配当	500	
源泉税	20 /			
適格現物分配に係る 受取配当の益金不算入	400 /	その他流出	500	
受取配当益金不算入	100 /			

【解説】
〔現物分配法人Ｇ２の処理〕
1　残余財産の分配が金銭と金銭以外の資産の両方で行われる場合の現物分配
　　適格現物分配とは、内国法人を現物分配法人とする現物分配のうち、その現物分配により資産の移転を受ける者がその現物分配の直前において当該内国法人との間に完全支配関係がある内国法人（普通法人又は協同組合等に限ります。）のみであるものをいいます。
　　ところで、お尋ねのように、残余財産の分配の場面において、清算中の子会社から金銭と金銭以外の資産の両方が分配されることもあるところです。
　　このような残余財産の分配は、金銭以外の資産の分配が現物分配に該当しますので、これが適格現物分配に該当するかどうかが問題となりますが、この点、お尋ねの残余財産の分配のうち金銭以外の資産（土地）の分配は、Ｇ２と現物分配の直前において完全支配関係があるＧ１のみに対して行う現物分配であり、適格現物分配の要件を満たすことから、当該土地の現物分配は適格現物分配に該当することとなります。
2　適格現物分配により移転した資産の譲渡（法62の5③）
　　内国法人（現物分配法人）が適格現物分配により被現物分配法人にその有する資産の移転をしたときは、その適格現物分配の直前の帳簿価額による譲渡をしたものとされ、その資産の譲渡に係る譲渡損益は計上されません。
　　したがって、Ｇ２において、資産（土地）を現物分配したことによる当該土地の譲渡損益は計上されません。
3　残余財産の分配におけるみなし配当の額（法24①、法令23①三）
　　残余財産が確定したことにより、残余財産の最後の分配が行われた場合のみなし配当の額は、次の算式により計算した金額となります。
　　お尋ねの場合には、前提ロ及びニにより、みなし配当の額は、500となります。

500 ＝	交付した金銭の額（300）及び 適格現物分配に係る資産の交付 直前の帳簿価額（1,200）の合計額 （1,500）	－	資本金等の額のうちその交付の 基因となった株式に対応する 部分の金額（1,000）

（算　式）

みなし配当の金額 （法 24①）	＝	交付した金銭の額及び金銭 以外の資産の価額（適格現物 分配に係る資産にあっては、 交付直前の帳簿価額）	－	資本金等の額のうち その交付の基因となった 株式に対応する部分 の金額（※1）

$$※1\ \text{資本金等の額のうちその交付の基因となった株式に対応する部分の金額（法令23①三による計算）} = \frac{\text{解散による残余財産の分配を行った法人（以下「払戻法人」という。）の分配時の直前の払戻等対応資本金等（※2）}}{\text{払戻法人の株式の総数}} \times \text{直前に有していた払戻法人の株式の数}$$

$$※2\ \text{払戻等対応資本金等} = \text{払戻法人の分配直前の資本金等の額} \times \frac{\text{解散による残余財産の分配により交付した金銭の額及び金銭以外の資産の価額（適格現物分配にあっては、その交付の直前の帳簿価額）の合計額}}{\text{払戻法人の前期末時の資産の帳簿価額から負債の帳簿価額を減算した金額}}$$

4　みなし配当の額に対する源泉徴収（所法 24①）

　みなし配当が適格現物分配による場合には、所得税法上、源泉徴収の対象となる配当等から除かれています（所法 24①）。

　したがって、上記3で計算された適格現物分配によるみなし配当については、源泉徴収を行う必要はありません。なお、金銭の交付によるみなし配当の部分について、源泉徴収を行う必要があります。

　お尋ねの場合は、金銭の交付 300 に係るみなし配当の額として計算された金額 100 について源泉徴収 20（100×20％）を行います。

金銭の交付に係るみなし配当の額（上記3の算式）

$$100\ =\ \text{交付した金銭の額（300）}\ -\ \text{資本金等の額のうちその交付の基因となった株式に対応する部分の金額（200）※}$$

　　※　資本金等の額のうちその交付の基因となった株式に対応する部分の金額 1,000 のうち、金銭の交付に係る金額

$$1,000\ \times\ \frac{300（金銭）}{1,500（残余財産）}\ =\ 200$$

5　現物分配法人の処理（申告調整）

　G2においては、残余財産の分配として、残余財産である現金と土地を分配していますが、税務上は、当該土地の譲渡損益を計上しませんので、お尋ねの現物分配に係る申告調整を行う必要はありません。

```
 ┌─────────────────────────────────────────────────┐
 │ （会計上）                                         │
 │   残余財産の分配として、現金 300 及び土地 1,200     │
 │  の分配を行う（土地の譲渡損益の認識なし）           │
 │                                                   │
 │ （税務上）                                         │
 │   資本金等の額 1,000 ／ 残余財産    1,500          │
 │   利益積立金額   500 ／                            │
 │   （みなし配当）                                   │
 │                                                   │
 │ （申告調整）                                       │
 │   調整不要                                         │
 │ ※ ただし、みなし配当（現金交付部分）100 に          │
 │   対する源泉徴収 20 が必要                          │
 └─────────────────────────────────────────────────┘
```

〔被現物分配法人Ｇ１の処理〕

1 適格現物分配により交付を受けた資産に係る損益（法 62 の 5 ④）

　　内国法人（被現物分配法人）が適格現物分配により資産の移転を受けたことにより生ずる収益の額は、その内国法人の各事業年度の所得の金額の計算上、益金の額に算入しないこととされていますので、Ｇ１が、Ｇ２から交付を受けた土地に係る収益の額については、益金の額に算入されません。

2 みなし配当の額に相当する金額の取扱い（法 23 ① ⑤、24 ① 三、法令 9 ① 四）

　　残余財産の分配により受けた金銭及び金銭以外の資産に係るみなし配当の金額のうち、金銭の交付に係る部分については、法人税法第 23 条第 5 項《完全子法人株式等》に規定する完全子法人株式等に係るものである場合、同条第 1 項《受取配当等の益金不算入》の規定の適用により、そのみなし配当の金額を益金の額に算入しないことができます。

　　お尋ねの場合には、Ｇ１が保有するＧ２株式は完全子法人株式等に該当するとのことですので、Ｇ１がＧ２からの残余財産の分配により受けたみなし配当の金額のうち、金銭の交付に係る部分（〔現物分配法人Ｇ２の処理〕4 により算出した 100）については、法人税申告書別表四において加算（留保）するとともに、同額を減算（その他流出）することとなります。

　　一方、みなし配当の金額のうち適格現物分配に係る部分については、その適格現物分配が法人税法第 24 条第 1 項第 3 号から第 6 号までに掲げる事由に係るものである場合には、法人税法第 62 条の 5 《現物分配による資産の譲渡》の規定により、その収益の額は、益金の額に算入しないこととされています。

　　したがって、お尋ねの場合のＧ１がＧ２から残余財産の分配により受けたみなし配当の金額のうち、金銭以外の資産の交付に係る部分（〔現物分配法人Ｇ２の処理〕3 により算出したみなし配当の額 500 から金銭の交付に係るみなし配当の額 100 を差し引いた 400）については、法人税申告書別表四において加算（留保）するとともに、その同額を減算（その他流出）することとなります。

3 現物分配法人株式（Ｇ２株式）の譲渡損益（法 61 の 2 ⑯、法令 8 ① 十九、123 の 6 ①）

　　内国法人（Ｇ１）が、所有株式を発行した他の内国法人（完全支配関係があるものに限ります。）から、みなし配当事由（法 24 ① 各号に掲げる一定の事由をいいます。）により金銭その他の資産の交付を受けた場合には、その所有株式について帳簿価額に

　よる譲渡があったものとされ、当該内国法人（G1）において、その譲渡損益は計上されません。
　また、この場合の譲渡損益に相当する金額（次の算式により計算された金額をいいます。）は、当該内国法人（G1）の資本金等の額から加減算することとなります。

（算式）

$$\left[\begin{array}{c}\text{みなし配当事由による} \\ \text{そのみなし配当の金額}\end{array} + \begin{array}{c}\text{法61の2⑯の規定} \\ \text{により、譲渡対価の} \\ \text{額とみなされる金額} \\ \text{（株式の帳簿価額）}\end{array}\right] - \begin{array}{c}\text{交付を受けた金銭又は資産} \\ \text{の価額の合計額（適格現物} \\ \text{分配に係る資産にあって} \\ \text{は、現物分配法人における} \\ \text{その資産の帳簿価額）}\end{array}$$

　お尋ねの場合には、G1が完全支配関係のあるG2から、みなし配当事由（G2からの残余財産の分配）により、資産（土地）の交付を受けていますので、G1がG2に対して譲渡したG2株式については、その帳簿価額による譲渡があったものとされ、譲渡損益は計上されません。
　また、この場合、G2株式の譲渡損益に相当する金額は、①〔現物分配法人G2の処理〕3により計算されたみなし配当の金額（500）に、②前提ハにより、G1においてG2株式の譲渡対価の額とみなされるG2株式の帳簿価額（1,000）を加算し、③G2から交付を受けた金銭の額（300）と資産（土地）の帳簿価額（1,200）の合計額（1,500）を減算した金額（0）となりますので、資本金等の額の調整はありません。

$$\left[\begin{array}{l}0 = \text{みなし配当の金額（500）} + \text{みなし譲渡対価（1,000）} \\ \qquad - \text{交付を受けた資産の価額の合計額（1,500）}\end{array}\right]$$

4　被現物分配法人の処理（申告調整）

　G1において、G2から残余財産として土地1,200と現金300（うち源泉税20）の分配を受け、これとG2株式の帳簿価額1,000との差額500を、G2株式の譲渡利益として会計処理していた場合の申告調整は次のとおりです。

（会計上）

土地	1,200	/	G2株式	1,000
現金	280	/	譲渡利益	500
源泉税	20	/		

（税務上）

土地	1,200	/	G2株式	1,000
現金	280	/	受取配当	500
源泉税	20	/		
適格現物分配に係る受取配当の益金不算入	400	/	その他流出	500
受取配当益金不算入	100	/		

（申告調整）

譲渡利益過大	500	/	受取配当	500
適格現物分配に係る受取配当の益金不算入	400	/	その他流出	500
受取配当益金不算入	100	/		

イ　別表四

<G1の別表四の記載例（抜粋）＞

区分			総額	処分			
				留保		社外流出	
			①	②		③	
加算	受取配当		500	500			
	小計	13	500	500			0
減算	受取配当等の益金不算入	16	100			※	100
	適格現物分配に係る益金不算入額	19	400			※	400
	株式譲渡利益過大		500	500			
	小計	25	1,000	500		※	500
所得金額又は欠損金額		44	△ 500	0		※	△ 500

ロ　別表五（一）

<G1の別表五（一）の記載例（抜粋）＞

Ⅰ　利益積立金額の計算に関する明細書

区分	期首	減	増	期末
G2株式譲渡損益		500	500	0
計		500	500	0

【適用関係】

　この措置は、平成22年10月1日以後に行われる現物分配（残余財産の分配にあっては、同日以後の解散によるものに限ります。）に適用されることとなります。

【関係法令】

　（編注：省略）

参考文献

泉恒有他『平成22年版　改正税法のすべて』（大蔵財務協会）

斎須朋之他『平成23年版　改正税法のすべて』（大蔵財務協会）

内藤景一朗他『令和2年版　改正税法のすべて』（大蔵財務協会）

髙橋正朗『十訂版　法人税基本通達逐条解説』（税務研究会出版局）

中村慈美『図解グループ法人課税』（大蔵財務協会）

財務省ウェブサイト

国税庁ウェブサイト

最高裁判所ウェブサイト

樋口　翔太（ひぐちしょうた）

著者略歴

平成24年 3 月　産業能率大学情報マネジメント学部卒業

令和 2 年 3 月　文京学院大学大学院経営学研究科修了

令和 2 年 8 月　税理士登録

令和 3 年12月　曙橋税法研究会会員

著書等

・『図解 中小企業税制』（共著、大蔵財務協会、2022年）

・『企業の保険をめぐる税務』（共著、大蔵財務協会、2022年）

・『法人税重要計算ハンドブック』（共著、中央経済社、2021年）

・『月刊税理』VOL.65 No.16「法人税務ハンドブック」（共著、ぎょうせい、2022年）

・『協同組合ニュース』No.149「税務上の貸倒損失についての解説」（著、公認会計士協同組合、2021年）

・『税経通信』VOL.75 No.12「法律の規定による貸倒れの内容と留意点」（著、税務経理協会、2020年）　他

資本に関係する取引等に係る税制

令和5年1月18日　初版印刷
令和5年2月7日　初版発行

不　許
複　製

著　者　樋　口　翔　太

一般財団法人　大蔵財務協会 理事長
発行者　木　村　幸　俊

発行所　一般財団法人　大 蔵 財 務 協 会

〔郵便番号　130-8585〕

東 京 都 墨 田 区 東 駒 形 1 丁 目 14 番 1 号
（販 　売 　部）TEL03（3829）4141・FAX03（3829）4001
（出版編集部）TEL03（3829）4142・FAX03（3829）4005
http://www.zaikyo.or.jp

乱丁、落丁の場合は、お取替えいたします。　　　　印刷・恵友社
ISBN978-4-7547-3091-8